KB143708

진작 이렇게 말할걸

私のまま、素直に生きる

진작 이렇게 말할걸

솔직하고 싶지만
상처 주기는 싫은
사람들을 위한
소통 수업

모리타 시오무 지음
황미숙 옮김

현대
지성

차례

상처 때문에 관계 맺기가 두렵다면

Chapter 2

전달되지 않는다고 느낀다면

진심으로 이해하길 원한다면

Chapter 4

어려운 말을 꺼내야 한다면

Chapter 5

불안과 비판을 똑바로 마주하려면

Chapter 6

말로는 충분하지 않다면

들어가며

요즘은 SNS나 유튜브처럼 간편하게 메시지를 전달하는 매체가 늘고 있다. 하지만 아무리 매체가 다양해졌더라도 메시지를 잘 전달하는 일은 여전히 쉽지 않다. 상대가 내 말을 알아듣지 못해 소통에 어려움을 겪고, 사람들을 어떻게 대해야 할지 몰라 관계를 고민하는 이들도 부쩍 많아졌다. 우리가 주최하는 강좌에도 복잡하고 어려운 관계로 고민하는 사람들이 많이 찾아온다.

게다가 코로나의 여파로 관계 맺는 일이 더욱 어려워졌다. 팀 내 인간관계가 소원해지면서 일을 어떻게 진행해야 할지 고민이라거나 기존과는 차원이 다른 관계 문제에 직면하여 어떻게 해야 할지 모르겠다는 하소연도 늘었다.

한 치 앞을 알 수 없는 요즘 시대에도 변하지 않는 진실이 있다면, 바로 타인과의 관계 없이는 살아갈 수 없다는 것 아닐까. 그렇기에 서로 이해하기 어렵고, 말이 통하지 않는 상대방과도 어떻게든 타협점을 찾아야만 한다.

나는 기본적으로 전달 매체가 아무리 늘어나도 사람과 사람이 마주하는 '원칙'은 바뀌지 않는다고 생각한다. 바로 자신과 상대방을 존중하면서 문제를 해결하기 위해 포기하지 않고 대화하는 자세다. 그 과정에서 얻게 되는 관계의 지혜는 모든 것이 불확실하고 앞이 보이지 않는 시대에도 앞으로 나아갈 수 있는 힘을 길러준다.

자신의 생각이나 감정을 솔직하게 표현하면서도, 상대를 존중하는 말하기 방식을 '어서티브Assertive'라고 한다. 어서티브에서는 상대를 이겨야 할 대상이 아닌 꼬인 관계 이면에 숨은 문제를 함께 풀어나가는 협력자로 대한다.

이 책은 어서티브 관점에서 관계의 문제를 39개 항목

으로 나누어 살피고, 되도록 구체적으로 해결 방법을 설명하였다. 어서티브를 활용하여 자신과 상대방을 소중히 여기고 '나답게 사는' 사람이 늘어난다면 더없이 기쁘겠다.

모리타 시오무

✦ assertive ✓ 적극적인, 확신에 찬
[ə'sɜ:rtɪv] ✓ 자기주장이 강한, 자신 있는

Chapter 1

상처 때문에 관계 맺기가 두렵다면

한 걸음
더 내디딜 용기

최근 몇 년 새 관계 속에서 크게 상처받았다고 호소하는 사람이 빠르게 늘고 있다. 그들은 상대방의 별 뜻 없는 한 마디에도 쉽게 화를 내거나 폭발하고, 심지어 관계를 끊어 버리기도 한다.

우리는 점점 더 쉽게 상처를 주고 받는 것 같다. 누군가 상처 주는 말을 하면 내 상황을 어쩜 그리도 몰라줄까 싶은 마음에 초조하고 불안해져 나도 모르게 격한 반응을 하게 된다. 하지만 그런 마음 상태에선 상처 준 사람에게 앙심을 품거나, 더 이상 상처받지 않게 자신만의 껍데기 속으로 숨어버리는 식으로 반응하기 쉽다. 그것이 정말로 우리가 바라는 일은 아닐 터다.

답이 보이지 않는 시대이기에 더욱 마음에 새겨야 할 두 가지가 있다.

하나는 무슨 말을 할 때 '상대방이 알아서 잘 헤아려 줄 것'이라는 착각을 버리는 일이다. 상대방은 나와 사고방식도, 가치관도 다르다. 알맞은 말을 잘 골라서 표현하지 않으면 의도대로 말이 전달되지도 않을뿐더러, 제대로 전달했다고 해도 서로 오해하는 경우가 수없이 많다(가족끼리도 마찬가지다).

개떡같이 말해도 찰떡같이 알아듣는 사이라면 이미 '아 하면 어 하는' 식으로 호흡이 잘 맞는 긴밀한 관계일 가능성이 높다. 하지만 그런 관계가 얼마나 될까? 요즘 같은 시대에는 '네가 나를 이해하고, 내가 너를 이해하려면 시간이 꽤 필요해'라고 생각하는 편이 소통의 문제를 줄여준다.

다른 하나는 어떤 말을 들을 때 '상대방의 말 이면에 있는 생각에 한 걸음 더 다가가는' 용기를 가지는 일이다.

상대방의 말꼬리를 잡고 늘어지며 화를 내거나 표면적인 말과 글에 일일이 상처받지 않도록 마음의 여유를 갖고 '왜 이런 말을 할까?' 하고 상대방을 깊이 이해하려는 자세다. 말 뒤에 숨겨진 '의도', '이유', '배경'까지 포함하는 폭넓은 마음으로 상대방과 마주하라는 뜻이다.

동시에 누군가에게 상처 주거나 자신이 상처받는 일이 '절대 일어나서는 안 된다'라고 생각하지는 않는지 자문해볼 필요도 있다. 상대방에게 상처 준 나를 나쁘게 여기거나 나에게 상처 준 사람을 용서하지 못하는 한, '한 걸음 더 나아가 서로에 대해 깊이 이해하는' 지점에 도달하기는 어렵다.

사회가 다양해진다는 것은 자신의 경험만으로는 '이해할 수 없는' 사람이나 일이 점점 늘어남을 의미한다. 가치관이나 문화, 배경이 다른 사람과 대화할 기회도 점차 많아질 테니 마음을 굳게 먹어야 할지도 모른다.

'그럴 수도 있지' 정도로 생각하고 그 아픔을 뛰어넘어 더 깊은 관계를 구축하는 방향으로 나아가야만 비로소 관용이 무엇인지 배울 수 있지 않을까? 요즘 들어 자주 드

아픔은 매우 의미 있는 신호다.
아픔 덕분에 자신과 상대방 사이 '경계선'이
어디인지 알게 되며, '아, 나는 이런 부분에서
상처받는구나' 하고 스스로 알게 되기도 한다.
상대방의 말이나 태도가 거슬린다면
"그 말은 상처가 되니 하지 말아줬으면 해" 하고
솔직하되 존중을 담은 태도로 이야기하자.

는 생각이다.

아픔은 매우 의미 있는 신호다.

아픔 덕분에 자신과 상대방 사이 '경계선'이 어디인지 알게 되며, '아, 나는 이런 부분에서 상처받는구나' 하고 스스로 알게 되기도 한다. 상대방의 말이나 태도가 거슬린다면 "그 말은 상처가 되니 하지 말아줬으면 해" 하고 솔직하되 존중을 담은 태도로 이야기하자. 상대방이 불쾌한 표정을 짓는다면 "내 말의 어떤 부분이 불쾌했는지 알려줄 수 있어?" 하고 솔직하게 물어봄으로써 상대방을 더 깊이 이해할 수 있다.

사람이 모두 다른 것은 지극히 당연한 일이다.

머리로는 이 사실을 모두 알고 있겠지만 그것만으로는 부족하다. 실제로 이런 불협화음에 대처할 수 있는 힘을 조금씩 길러나가야 한다. 나를 위해서라도 한 걸음 더 내딛고 솔직하게 대화할 수 있는 용기를 키워보자.

남 탓만 하면
진짜 문제가 드러나지 않는다

관계가 잘 풀리지 않을 때 자기도 모르게 마음속으로 떠오르는 생각이 있다. 바로 '내가 공격적인 태도를 보이거나 침묵하는 건 다 당신 때문이야'라는 생각이다.

√ 상대방이 명확하게 말해주지 않아서 추궁하게 된다.
√ 상대방이 이야기를 제대로 듣지 않아서 아무 말도 하지 않게 된다.
√ 상대방이 나를 무시해서 나도 반격하게 된다.

이렇게 마음속으로 자신의 행동과 태도가 상대방 탓

이라고 여긴 적은 없는가? 나도 화가 날 때 종종 그런 생각을 하곤 한다.

어서티브는 자신이 한 말에 책임지는 자세를 중요시한다. 바꿔 말하면 말하지 않은 것에 대해서는 누구의 탓도 하지 않는다. '상대방의 잘못 아니면 내 잘못'이라는 이분법적 결론이 아니라 무엇이 진정한 문제인지, 전하고자 하는 바가 왜 제대로 전달되지 않는지, 어떻게 더 나은 방향으로 나아갈 수 있을지 돌이켜 깊이 생각해보자는 접근법이기도 하다.

하지만 마음 깊은 곳에서 상대방이나 자기를 탓하지 않기란 매우 어려운 일이다. 소통이 잘되지 않을 때 '상대방 때문'이라고 생각하고 싶은 건 자신을 지키기 위한 자연스러운 반응이기 때문이다.

상대에게 문제가 있다고 생각하면 진짜 문제로 눈을 돌리지 않을 수도 있다. 책임을 다른 사람 탓으로 돌리면 더 깊이 생각하지 않아도 일단 개운해지는 느낌이 든다. 하지만 진짜 문제가 해결되지 않는 한, 다시 똑같은 상황에 내몰린다. 물론 불쾌한 감정도 계속된다.

소통이 안 되는 진짜 문제는 무엇일까?

나와 상대방의 사고방식이 다른 게 문제일 수도 있고, 대화 주제에 대한 이해도 차이가 문제일 수도 있다. 어쩌면 태어나고 자란 환경 차이 혹은 조직의 제도나 법률문제일 수도 있다. 나아가 사회 속 차별과 편견, 시스템의 불합리가 문제일지도 모른다.

1960년대부터 1970년대에 미국에서 어서티브가 크게 발전한 것도 여성 차별 철폐 운동과 인권 운동을 통해 사회를 바꿔나가려는 사람들이 있었기 때문이다. '백인이 나쁘다', '남성이 잘못되었다'라는 식의 안이한 답을 내는 것만으로는 진짜 문제를 해결할 수 없었다. 그들은 더 큰 관점을 가지고, '어느 쪽이 나쁘다'라며 책임을 떠넘기는 사회 구조 자체와 마주하려고 했다.

'적'이라고 생각했던 상대방의 권리도 중시하면서 '나는 이렇게 하고 싶다', '나의 바람은 이것이다' 하고 자신을 주어로 삼아 조용히 주장하는 것. 어서티브가 개인의 커뮤니케이션 스킬에 머무르지 않고 사회를 변화시키는 힘으로 기능한 것은 이런 배경이 있었기 때문이다.

백 퍼센트 누군가의 잘못(상대방의 잘못 아니면 내 잘못)이라고 맹렬히 몰아세우고 싶을 땐 멈춰 서서 '어쩌면 다른 문제가 있는지도 몰라' 하고 생각해보면 어떨까. '누군가'가 아닌 '무언가'를 발견함으로써 우리의 공격적인 마음이 더 나은 곳으로 향할지도 모른다.

외향적인지 내향적인지는 중요하지 않다

이번 제목은 미국에서 어서티브 연수를 받았을 때 들었던 말에서 따왔다. 무척 공감하는 표현이었다. 커뮤니케이션 능력을 '성격 문제'라고 여기는 사람이 많은데, 성격과 커뮤니케이션은 별개로 생각하는 편이 좋다.

일반적으로 '외향적'이면 커뮤니케이션에 능하고 '내향적'이면 커뮤니케이션에 서툰 경우가 많다. 이 때문에 사교성을 곧 커뮤니케이션 능력의 척도라고 여기는 듯하다.

물론 내 눈에도 외향적인 사람은 커뮤니케이션 때문에 별달리 고생하지 않는 것처럼 보인다. 누구와도 즐겁게

수다를 떠는 사교적인 사람은 모임에서 처음 만난 사람과도 금방 친구가 되고, 회식 자리에서는 분위기를 띄우며 그 자리를 진심으로 즐긴다. 그런 사람 주위에는 자연스럽게 사람들이 모인다.

그런 면에서 보자면 나는 꾸어다 놓은 보릿자루 같다. 회식 자리에서는 무조건 듣기만 하는 유형(그보다도 밤에 노는 것을 힘들어하는 사람인지라 애당초 참가 자체를 꺼린다)이며, 텔레비전을 보지 않으니 요즘 유행하는 이야기나 유머에도 한발 늦다. 어릴 때부터 '말을 못하는 아이'라며 부모님의 걱정을 샀으니, '사교성'과는 무척 거리가 멀다.

어서티브 커뮤니케이션은 성격을 외향적, 내향적으로 바꾸는 것이 아니라, '자신이 바라는 것, 전달하고 싶은 것, 말해야만 하는 것'을 '존중을 담아 명확히 말하는' 기술이다. 그러니 아무리 내향적인 인간이라도 훈련만 하면 가능하다.

말을 해야 할 때, 정말로 전달하고 싶은 것이 있을 때, 자신의 생각이나 기분을 적절히 표현하는 것. 이 일은 성격이 외향적이고 내향적인 것과는 그리 상관이 없다. '그리'

라고 표현한 것은 내향적인 사람은 의식적 또는 무의식적으로 소통하는 자리를 적게 만들기 때문에 훈련 기회도 줄어 대화에 능숙하지 못한 경우가 있기 때문이다.

그러니 '나는 내향적이라서', '수줍음이 많아서', '사교적인 성격이 아니라서'라고 여기며 커뮤니케이션을 포기할 필요는 없다. 반대로 '외향적인 성격이니까 대화법은 배우지 않아도 된다'라고 생각할 일도 아니다.

성격은 제각각 다르고, 직면하는 문제도 그렇다. 목소리가 크거나 말주변이 뛰어난 사람의 이야기만 듣는 사회라면 재미없다. 목소리가 작아도, 술술 말하지 못해도, 한 사람 한 사람이 '나는 어떤 사람'이며 '무엇을 바라는지'를 표현할 수 있다면 세상은 더 활기 넘치지 않을까?

무조건 큰소리치며 위압적인 태도를 보일 필요도 없고, 자신의 성격을 부끄러워하며 속으로 말을 삼킬 필요도 없다. 자신의 목소리로, 있는 그대로, 똑바르게, 누구도 탓하지 않고 표현하면 된다. 그렇게 하면 상대방도 "당신은 그렇게 생각했군요" 하고 받아들이기 쉬워진다.

외향적인지 내향적인지는 중요하지 않다.

성격은 바꾸지 않아도 된다. 당신 모습 그대로도 괜찮다. 하지만 말하는 방식은 바꿀 수 있고, 스스로 선택할 수 있다. 세상의 모든 내향인들이여, 주눅 들지 마시라.

목소리가 크거나 말주변이 뛰어난 사람의
이야기만 듣는 사회라면 재미없다.
목소리가 작아도, 술술 말하지 못해도, 한 사람 한 사람이
'나는 어떤 사람'이며 '무엇을 바라는지'를
표현할 수 있다면 세상은 더 활기 넘치지 않을까?

바꿀 수 있는 일에 집중하기

정신 건강과 관련한 전화 상담 일을 하는 친구가 메일을 보내왔다. 그녀는 코로나의 소용돌이 속에서도 매일 출근해 상담전화를 받고 있었다. 상담은 주로 감염에 따른 불안과 더불어 가족이나 동료와의 커뮤니케이션에서 오는 스트레스를 호소하는 내용이라고 했다. 일상에서 서로 가치관 차이가 두드러지거나 이야기가 통하지 않을 때 어떻게 하면 좋을지 말이다.

얼마 전 나도 사소한 일에 감정적으로 반응해서 가족과 큰 싸움이 났다. 문을 쾅 닫고 혼자 밖으로 나와 '나도 열심히 애쓰고 있다고!'라고 마음속으로 소리치면서 내가 얼마나 불안하고 공격적인 상태인지를 깨달았다.

감정을 있는 그대로 드러낸 후에는 반성이 뒤따랐다. 그때는 일단 시간을 두기로 했다. 저녁이 되자 화도 가라앉고, 그동안 얼마나 아슬아슬하게 버티고 있었는지를 새삼 느낄 수 있었다.

이때 문득 얼마 전 친구에게 들은 이야기가 떠올랐다.

IT 기업에 근무하는 A는 무척 성실한 사람이었다. 회사에서도 꼭 필요한 실무 인력이었기 때문에 다른 사람이 재택근무를 하는 동안에도 홀로 매일같이 출근했다.

일이 너무 많은 것은 아닌지 걱정한 상사가 어느 날 "A 씨는 어떻게 하고 싶은가?" 하고 물었다.

그녀는 잠시 생각했다.

'나는 어떻게 하고 싶은 걸까?'

다음 주에 A는 팀 리더에게 자신의 의사를 전달했다. "저도 가끔은 재택근무를 했으면 합니다. 일주일에 한 번이라도 누가 바꿔줄 수 없을까요? 저 혼자만으로는 너무 힘이 듭니다." 이 말을 들은 팀 리더가 주도하여 부서원들이 함께 일을 분담하는 쪽으로 마무리되었다고 한다.

자신의 마음이나 바람을 언어로 표현하는 것.

이것이 대화의 첫걸음이다. 자신의 바람을 말로 표현하지 못하면 상황은 달라지지 않고, 결국 무기력에 사로잡히고 만다. 자신의 마음과 바람을 하나의 문장으로 솔직하게 표현할 수 있으면 설령 무언가가 당장 달라지지는 않더라도 '내게는 선택권이 있다'라는 사실로 마음은 평온해진다.

나는 무엇을 바라는가?

나는 어떻게 하고 싶은가?

스스로 이 질문을 계속 던졌다. 당시에는 나도 홀로 계속 출근해야 하는 상황이었다. 줄곧 '해야 하는 일이니까 해야지'라고 생각했는데, 실은 '내가 그렇게 하기로 선택했다'라는 사실을 깨달았다.

내가 선택한 일이었다.

그것을 깨달으니 변하지 않는 상황에 화를 내는 일도, '내가 피해자'라며 무력감에 사로잡히는 일도 없어졌다. 힘든 일을 도맡아 한다는 생각에 어깨에 잔뜩 들어갔던 힘도 빠져서 편안한 상태로 일을 계속할 수 있었다.

세상에는 바꿀 수 없는 일이 수없이 많다. 바꿀 수 없는 것을 바꾸려고 해봐야 아무것도 달라지지 않는다. 바뀌지 않는 상대나 일에 화를 내봤자 공격적인 사람이 되거나 무력함만 느낄 뿐이다. 그러지 말고, 자신의 진정한 바람이 무엇인지 확인하면서 바꿀 수 있는 일에 생각을 집중하자. 먼저 좁은 범위 안에서 할 수 있는 일을 찾아 움직여 보는 것이다.

불안과 두려움이라는 감정을 바꿀 수는 없다. 하지만 감정을 말로 표현할 수는 있다. 불안한 마음을 어떻게 표현하고 어떻게 행동할지는 선택할 수 있다. 이 사실을 깨닫는 것만으로 내가 할 수 있는 일이 얼마나 많아지는지 알게 되었으면 한다.

대화의 기술보다 중요한 것

대화에도 여러 가지 기술이 있다. 자신의 의견을 논리적으로 전달하는 법, 상대방의 동의를 얻어내는 설득력 있는 화법, 부하 직원을 적절히 지도하는 법, 공감하면서 상대방의 마음을 끌어내는 법 등 주제에 따른 접근 방법도 넘쳐난다.

그런데 기술만으로 상대방과 신뢰 관계를 구축할 수 있을까? 꼭 그렇지만은 않다. 기술이 대화에 어느 정도 도움은 주겠지만 기술'만'으로는 상대방과 좋은 관계를 쌓을 수 없다.

가령 말은 다소 거칠어도 '나를 소중히 여긴다'라고 느껴지는 사람이나, 언변이 유창하지는 않아도 '이 사람 말에는 깊이가 있으니 진지하게 귀를 기울여야겠다'라고 생각되는 사람들을 만나본 적이 있지 않은가?

'대화의 기술'은 필요조건이지 충분조건은 아니다. 말 이면에 있는 마음의 자세, 그것을 지지하는 삶의 태도, 상대방을 위하는 진심이 느껴질 때 비로소 말도 전해지는 법이다. 인간관계를 좋게 만드는 대화의 기술이 없다고는 할 수 없지만, 그 기술만으로 내가 하고 싶은 말이 상대방의 마음에 전해지는 것은 아니라는 말이다. 상대방과 솔직하면서도 대등하게 마주하려고 하는 '마음의 자세'가 없으면 말은 겉돌다 미끄러질 뿐이다.

자신이 듣고 싶은 말을 상대에게 강요하거나 상대를 자신의 생각대로 움직여 우위에 서려고 생각하는 한, 어떤 말도 '쌍방 주고받기'가 될 수 없다. 사고방식은 다르지만 어떻게든 합의점을 찾고 싶다거나 서로를 소중히 여기기에 둘 다 만족할 수 있는 방법을 찾고 싶다는 마음이 있을 때 비로소 진정한 대화가 시작된다.

상대방과 처음 눈을 맞춘 후 15초 안에 우리 마음이 전달된다. 상대방을 존중하고 대등하게 이야기하려고 하는지, 진지하게 문제를 해결하길 원하는지, 솔직하려는 마음가짐이 있는지 등등 말이다. 대화의 기술을 사용하기도 전에 상대방은 이미 우리가 가진 마음의 자세가 어떠한지 알아차린다.

"이거 부탁해도 될까?", "미안, 어려울 것 같아" 같은 사소한 대화라면 내가 솔직하기만 해도 충분히 전달된다. 하지만 서로 이해관계와 기분이 충돌하거나 감정적인 상태에서 나의 뜻을 펼치려고 하면 말 이면에 자리한 공격적인 감정이 더 빠르고 직접적으로 전달되기 마련이다.

중요한 일을 이야기하기 전에 기술(필요조건)과 동시에 마음의 자세(충분조건)를 돌아보아야 할 이유이다.

어서티브를 지지하는 '마음의 자세'에는 다음의 네 가지 핵심요소가 포함된다.

√ 첫째는 성실. 내 마음과 상대방에게 거짓말하지 않고 정직할 것.

√ 둘째는 솔직. 에두르지 않고, 구체적이면서도 똑바로 표현할 것.
√ 셋째는 대등. 자신을 비하하거나 상대방을 내려다보지 않는 대등한 시선을 가질 것.
√ 넷째는 자기 책임. 자신도 상대방도 탓하지 않는다는 각오를 지닐 것. 누구도 탓하지 않고, 말한 것에 대해서든 말하지 않은 것에 대해서든 책임질 것.

이 네 가지가 어서티브를 지지하는 핵심이다.

나 역시 무언가 중요한 것을 전달할 때는 몇 번이고 스스로 묻는다. 내 마음에 거짓말을 하고 있지는 않은가. 분명하게 말하고 싶은데 이것저것 다른 말을 하느라 빙빙 둘러 가고 있지는 않은가.

상대방이 '갑'이라서 자신감 없이 몸을 낮춰 부탁하고 있지는 않은가. 반대로 능숙하지 못한 사람에게는 '어째서 이 정도도 모르는 걸까'라며 마음속으로 무시하고 있지는 않은가. 그리고 사실은 내게도 책임이 있는데 자존심 때문에 '잘못했다'라는 한마디를 내뱉지 못하는 것은 아닌가.

이런 것들을 되묻다 보면 내가 진정으로 상대방에게 전달하고자 하는 바가 무엇인지, 어떻게 행동해야 할지가 점점 명확해진다.

대화의 기술도 중요하지만, 중요한 대화에서는 마음의 자세를 바로잡는 것을 잊지 말자.

"성실하고 솔직하게 그리고 대등하게."

이를 되새기며 대화에 임해보길 바란다.

성실하고 솔직하게

그리고 대등하게

깊은 관계를 피한다고 모든 게 해결될까?

어서티브 커뮤니케이션이 가능해진다면 누구나 상대하기 편해질까? 안타깝지만 앞서 말한 마음의 자세를 아무리 되뇌어도 주위 사람들과의 관계가 다 좋아지거나 껄끄러운 상대가 갑자기 만만해지는 일은 일어나지 않는다.

오늘날 우리는 그 어떤 때보다 가치관과 문화, 사고방식이 다양한 사회에 살고 있다. 세대, 젠더 간 의식 차이가 커지고, SNS 같은 미디어로 소통 방식도 변했다. 재택근무가 늘어 일하는 방식이 바뀌었고, 동료와의 관계도 달라졌다. 특히, 코로나 상황을 맞이하며 이런 변화가 가속화

되고 있다. 유례없는 위기 상황과 커져가는 가치관 차이에 직면하면서 관계가 삐걱거린다는 이야기를 많이 듣는다.

인간관계가 얕아지고 소통이 줄어드는 것과는 반대로 말 한마디에 상처를 주고받는 일은 점점 더 쉽게 일어난다. 익명성 뒤에 숨어 다른 사람을 공격하기도 하고, 의견이 대립되는 사람과는 아예 관계를 끊어버린다. 우리는 그런 시대를 살고 있다. 젊은 세대는 소통하는 목적에 관한 질문에 '주위 사람들의 호감을 사기 위해, 미움받지 않기 위해'를 가장 많이 꼽는다. 주위와 조금이라도 균열이 생기면 고립될지도 모른다는 불안 때문에 마찰 자체를 피해버리는 것이다.

사람들에게 미움받지 않으려면 주변 분위기를 읽고, 가급적 문제를 일으키지 않도록 행동하고, 깊은 관계를 피해 표면적으로만 교류하면 된다. 그렇게 깊지 않은 관계라면 다소 상처받는 말을 들어도 흘려보낼 수도 있다. 하지만 이런 생활이 계속 이어지면 어떻게 될까? 자신이 느끼고 생각하는 것을 사람들과 솔직하게 나눌 수 없다.

그것이 우리가 바라는 일일까?

미움받지 않기만 하면 행복해질까? 나는 그렇게 생각하지 않는다.

서로 다른 가치관을 가진 사람들과 어울려 살아갈 때 꼭 자신의 바람을 억누르고 주위에 맞출 필요는 없다. 대하기 어려운 사람이 있고, 좋아하기 힘든 사람도 당연히 있다. 충돌이 두려워 참기만 하다가는 자기만 괴로워질 뿐이다.

그렇다고는 하나 과감하게 무언가를 말하려다가 내 생각을 강요하게 되거나 어떻게 표현해야 좋을지 몰라 아무 말도 못한 채 돌아선 일도 있을 것이다. 그렇기에 더욱 솔직하고 대등하게 이야기하는 법을 익혀야 한다. 일방적이지도 공격적이지도 않으면서, 지나친 배려로 에두르지 않는 솔직한 표현법 말이다.

어서티브 커뮤니케이션은 상대방과 자신의 의견이 다르다고 해서 상대방을 부정하거나 공격하지 않는다. 대립하더라도 무작정 피하거나 삐딱하게 굴지 않고, 성의 있게 커뮤니케이션에 임한다. 대하기 어려운 상대라도 이야기할 때는 서로 존중하고 어떻게든 합의점을 찾아내겠다고 결단한다.

물론 처음에는 어렵다. 하지만 대화를 계속하다 보면 상대방을 이해하고 흉금을 털어놓거나 좋아하게 되는 일도 얼마든지 있다. 그 반대의 경우도 마찬가지다. 감정이란 그토록 불확실하고 시시때때로 변한다. 이것을 깨달을 때 자신을 둘러싼 세계가 점점 깊어지고 넓어진다.

중요한 것은 감정에 휘둘리지 않고 대화를 계속하려는 자세다. 자신과 상대방을 모두 소중히 여기면서도 '나답게' 살고 싶다면 더더욱 어서티브 커뮤니케이션을 익힐 필요가 있다.

감정이란 그토록

불확실하고 시시때때로 변한다.

이것을 깨달을 때 자신을 둘러싼 세계가

점점 깊어지고 넓어진다.

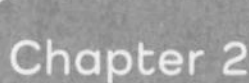

Chapter 2

전달되지 않는다고 느낀다면

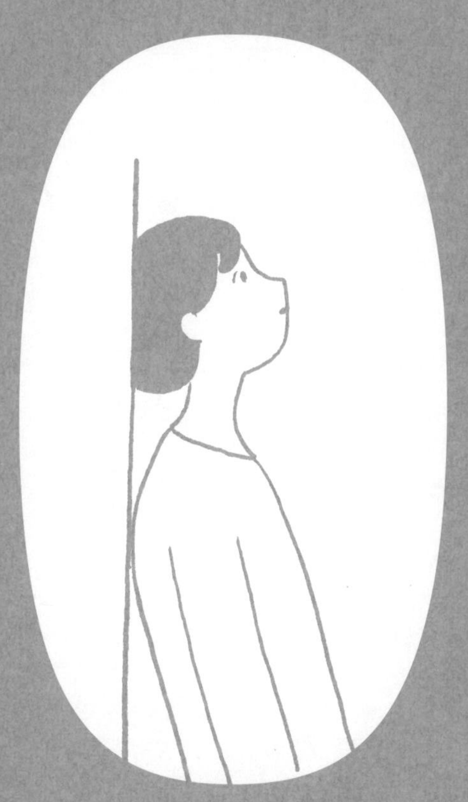

'사람'과 '문제'를 분리해서 생각하라

강의를 들으러 오는 분들의 이야기를 들으면 시대가 달라졌다는 것을 실감할 때가 많다. 10년 전쯤에는 자기표현을 어려워하는 사람이 어서티브를 배우러 왔다. '상대방의 감정만 생각하다 보니 내 감정은 잘 모르겠다', '자기표현을 못한다', '거절을 못한다' 등의 이유로 고민하는 사람들이 자신감 있게 의사 전달하는 방법을 배우기 위해서였다.

그런데 최근에는 자기 의견을 말하기는 하는데, 주위에서 그런 자신을 인정해주지 않아 힘들다는 사람이 늘었다. 어서티브 커뮤니케이션의 기준이 되는 항목, 예를 들어 '의견을 전달할 수 있다', '내 감정을 말할 수 있다' 등에 높은 점수를 매기면서도, 가치관이나 입장이 다른 사람과 실제로 마주하여 자신의 주장을 전달하려고 하면 잘되지 않는다. 이야기를 들어보면 '내가 이렇게 애써 말하는데 왜 몰라줄까'라며 상대방을 탓하는 경우가 대부분이다.

'왜 알아주지 않는 거지?'라고 생각하는 사람의 사고방식을 들여다보면 '당신 때문에 내 기분이 나빠졌으니 당신이 달라져야 해'라고 기싸움을 벌일 때가 많다.

기술적으로는 이런 말도 솔직하게 전달할 수 있지만 그렇게 했다가 인간관계가 더욱 악화된 사례도 많다. '나의 만족'을 위해 '당신이 달라져야 해'라는 주장이므로 서로가 만족하는 합의에 도달하지 못한다.

상대방에게 무언가를 전달할 때는 먼저 '사람'과 '문제'를 분리해야 한다. 당신 잘못 아니면 내 잘못이라는 단순한 결론이 아니라, '어떻게 해결할까?'라는 자세 말이다. 문제에 대한 책임이 내게도 있을지 모르니, 나도 달라지겠다는 유연함과 겸손함을 동시에 갖춘 자세다.

'사람'과 '문제'를 한데 묶어서 생각하면 책임을 '누군가'에게 씌우려고 궁리하게 된다. 최근 10년 동안 그렇게 생각하는 사람이 더 늘었다.

이런 사고방식에서 벗어나려면 어떻게 해야 할까?

먼저 상대방 나름의 사정과 이유가 있음을 알고, '이 사람이 이렇게 행동하는 이유가 무엇일까?' 상상해본다. 지쳤을 수도 있고, 사람 대하는 법을 잘 모를 수도 있기 때문에 일단 판단을 유보한다. 그리고 잠시 쉬면서 "이유가 있다면 알려줄 수 있을까?" 하고 상대방에게 물어보면 거기서부터 새롭게 대화를 시작할 수 있다.

다음으로 자신도 문제에 어느 정도 책임이 있음을 인정한다. 설령 상대방이 백 퍼센트 잘못한 것처럼 보여도, 상대방 입장에서 생각해보면 자신에게도 어느 정도 책임이 있음을 인정할 수 있을 것이다.

자기도 모르게 '네 탓이야'라는 마음을 품게 된다면 일단 멈춰 서서, '상대방 편에서 상상하기', '내게도 책임이 있음을 깨닫기'라는 생각을 하면서 한 템포 쉬어갈 수 있다. 그러면 누군가를 탓하는 덫에 빠지지 않고 생산적인 대화를 이끌어갈 수 있을 것이다.

배경을 이해하며 듣기

상대방의 행동이 이해되지 않아 화가 나거나 '왜 이렇게 하는 거지?' 싶어 기분이 가라앉는 등 부정적인 감정에 사로잡혔을 때, 내가 스스로에게 들려주는 말이 있다.

'저 사람에게도 말 못 할 사정이 있을 거야.'

'빙산의 일각'이라는 말을 떠올려보라. 우리 눈에 보이는 것은 거대한 실상 중 일부에 지나지 않는다. 보이는 모습 이면에 상대방 나름의 고생이나 고민, 다양한 사정이 있다는 사실을 잊지 말아야 한다.

어서티브는 커뮤니케이션 중에서도 '전달하기'에 중

점을 둔다. 그래서 '듣기'보다는 '말하기'가 어렵다고 느껴 전달 방식을 배우려고 강의를 듣는 사람이 많다.

그런데 실제로 어서티브 기술을 사용해 이야기하기 시작하면 많은 사람이 '내가 전달하고 싶은 것'에 적극 나서다가 상대방 이야기나 사정을 충분히 듣지 못할 때가 많다.

듣기는 하지만 상대방을 정말로 이해하려는 생각으로 듣는 건 아니라고 하는 편이 바른 표현이겠다. 그저 상대방에게 반대 입장을 분명히 전달하기 위해 만반의 준비를 하고 듣는 장면도 드물지 않게 보인다. "그건 그럴지도 모르지만"이라며 일단 받아들인 후에 "그래도 말입니다" 하고 자기 주장을 이어가는 식이다.

여기서 '듣기'란 '분명 당신에게도 이유가 있겠죠. 그 이유를 알려줄 수 있나요?', '내가 알지 못하는 어떤 사정이 있는 것 같은데, 말해줄 수 있나요?' 하고 배경까지 알고자 하는 생각으로 진지하게 귀를 기울이는 일이다. 의식하지 않으면 말하기만 신경 쓰다가 이런 부분을 놓치게 된다.

물론 상대가 말하지 않은 부분까지 파고들어 묻는 것

이 실례일 수도 있다. 이 질문에 불쾌해질지도 모른다. 하지만 서로가 주장을 내세우게 된 배경을 진정으로 이해하지 않는 한, 납득할 만한 합의점에 도달할 수 없다. 독선적인 주장만 오가다 결국은 누구도 만족할 수 없는 결론에 이른다. 이를 진정한 소통이라 할 수 있을까?

상대방을 이해하려고 하면서 듣는 것.

쉬운 일은 아니다. 사정을 물었을 때 예기치 못한 대답이 돌아오거나, 실은 내게 잘못이 있었음이 명확해지기도 하기 때문이다. 또한 상대방에게서 생각지도 못한 비판이 날아들어 위축되는 일도 있다. 우리가 상대의 사정을 듣고 싶지 않은 건 그러한 반응으로부터 자신을 지키기 위해 방어벽을 치고 있기 때문이다.

상대방의 상황을 이해하기 위해 알맞은 질문을 던지는 일에는 어느 정도 기술이 필요하다. 예기치 못한 대답이나 날 선 비판이 날아와도 일단 "그렇게 생각하셨군요" 하고 차분하게 받아들일 수 있으려면 단단한 마음가짐과 비판 수용 기술 그리고 자기 신뢰라는 토대가 있어야 한다.

의견을 잘 말하는 것과 상대방의 사정을 이해하는 것은 다르다. 전달하는 기술을 익혔다면 다음에는 '듣고 수용하는 기술'을 가져보라. '자기 신뢰'가 있을 때 비로소 쌍방향 소통이 된다는 사실도 잊지 말자.

상대방은
싸워 이겨야 할 적이 아니다

'발달장애 자녀를 둔 부모의 모임'을 주최하는 S 씨의 이야기다. S 씨가 어서티브 커뮤니케이션을 배운 지 4, 5년쯤 지났을 때였다. 부모 모임에 참여하는 지인들과 어서티브 공부 모임을 열었는데, 이 과정에서 자녀를 지도하는 담임선생님과의 관계가 조금씩 달라졌다고 이야기해주었다.

다들 처음에는 부모로서 자신의 고민을 내놓는 일이 우선이었다. "우리 아이는 이런 아이라는 걸 이야기하고 싶은데, 선생님도 바쁘시니까 말하기가 미안하기도 하고…" 라는 고민에서부터 "몇 번을 말씀드려도 선생님이 전혀 이해해주지 않으셔"라는 불평까지 다양했다. 그런 고민과 불평을 계속 이야기하다가, 어서티브를 배운 다음부터는 조금씩 달라지더니 "담임선생님께 이 방법을 적용해 이야기해보자"라는 방향으로 바뀌었다고 한다.

첫걸음은 아이가 학교에서 받았으면 하는 지원에 대해 구체적이고 솔직하게 선생님께 전달해보는 것이었다. "우리 아이가 OO에 대해 선생님께 도움을 받으면 학교생활을 더 잘할 수 있을 것 같아서 부탁드리고 싶어요."

이것이 첫걸음이 되어 바람을 구체적이고 솔직하게 말할 수 있게 되었다.

그뿐만이 아니다. '상대방의 입장에서 이해하기'도 조금씩 가능해졌다. 처음에는 '선생님이 우리 말을 들어주지 않네', '너무 바빠서 우리 부탁에 관심이 없어 보여'라고 생각했지만, 선생님의 이야기에 귀를 기울이면서 생각이 바뀌었다. 바쁜 와중에도 애쓰고 있으며 진심을 다해 도우려 한다는 사실을 이해하게 되었다. 그러니 부모들도 담임선생님을 대할 때 공격적이거나 지나치게 고분고분하는 일 없이 차분해질 수 있었다. 이것이 두 번째 발걸음이었다.

그런 후에는 자신이 져야 할 '책임'에는 무엇이 있는지 돌아보았다. '지금껏 적절하게 바람을 전달하지 못했구나'라고 생각하며 '말하지 않은 책임'을 인정했다. 선생님에게 바라기만 하는 일방적인 요구에서 벗어나 "우리도 열심히 할 테니 선생님도 필요한 걸 말씀하세요"라며 선생님을 존중하는 자세로 대화할 수 있었다. 결국 입장은 다르지만 자녀의 성장을 함께 마주하는 대등한 어른으로서 협력적인 대화가 가능해졌음은 말할 것도 없다.

차별이나 편견, 문제에 갇히면 자신과 상대방을 '피해자'와 '가해자'라는 프레임에 가두기 쉽다. 하지만 어서티브를 배우면 설령 차별이나 편견이 있었다고 해도 나 자신을 피해자나 희생자가 아닌, 한 사람으로 마주할 수 있게 된다.

이와 동시에 상대방을 가해자나 이겨야 할 적이 아닌, 문제를 함께 해결해나갈 '협력자'로 보며 대등하게 이야기할 수 있게 된다.

S 씨로부터 이 이야기를 듣고 많은 용기를 얻었다.

지금 있는 곳에서 나와 주변을 조금씩 바꾸어나가는 힘. 나와 상대방 존중하기를 포기하지 않고 대화를 지속해나가면 조금씩 근본적인 변화가 일어난다. 작은 변혁은 나에게서 시작된다.

차별이나 편견, 문제에 갇히면 자신과 상대방을
'피해자'와 '가해자'라는 프레임에 가두기 쉽다.
하지만 어서티브를 배우면 설령 차별이나
편견이 있었다고 해도 나 자신을 피해자나
희생자가 아닌, 한 사람으로 마주할 수 있게 된다.

긍정적으로 시작하고, 바람은 한 가지만

어서티브라고 해서 누구나 받아들일 만한 긍정적인 메시지만 전달하는 것은 아니다. 부정적인 메시지나 감정을 전달해야 할 때라도 상대방을 존중하는 마음으로 전달하는 자세 또한 어서티브에 속한다.

말은 쉽지만 사실 전달 기술 중에서도 가장 장벽이 높은 기술이다. 특히나 최근에는 갑질이 되지 않도록 에둘러 말하거나 친한 사람을 기분 나쁘게 만들지 않으려고 입을 다무는 쪽을 택했다가 더 스트레스를 받는다는 고민을 자주 접한다.

그래도 말해야 하거나 전달해야 하는 것이 있다면 설

령 듣기 싫어할 내용이라도 상대방에게 분명히 전달해야만 한다. 애매하게 말할수록 의도가 잘 전달되지 않아 서로 오해가 생기기 때문이다.

상대가 듣기 싫어할 내용을 전달할 때는 두 가지 원칙을 기억해두면 좋다.

- ✓ 긍정적으로 시작해서 긍정적으로 끝낼 것.
- ✓ 부정적인 내용(상대방의 변화를 바라거나, 이대로는 안 된다는 이야기)은 구체적인 바람으로 정리하여 '한 가지만' 전달할 것.

'긍정적으로 시작하기'와 '바람은 한 가지만 말하기'가 실천하기 쉬운 방법은 아니다. '말해야지'라고 생각하는 순간 어깨에 힘이 들어간다.

또 어느 정도 감정적인 상태라면 "또 그런 행동을 하셨네요", "애당초 당신이라는 사람은…"이라는 비판으로 대화를 시작하게 되고, 일단 입을 열면 '하나'가 아니라 이것저것 말하고 싶어진다.

긍정으로 시작한다고 해서 '상대방을 기분 좋게 만든 후에 뼈아픈 충고를 한다'라는 등의 '예스를 얻어내는' 기술을 말하는 것도 아니다. 나에게 그런 의도가 있으면 상대방은 금세 알아차리고 더 마음 문을 닫는다. 긍정적인 의도보다 부정적인 의도가 훨씬 더 잘 보이기 때문이다.

상대방을 부정하는 게 아니라, 이 문제를 어떻게든 해결하기 위해 함께 생각해보자는 마음으로 대화를 시작해보자. 우리가 무엇을 위해 일하는지, 왜 한 지붕 아래 함께 살고 있는지 등 말이다. 협력하여 성과를 내고 싶다는 마음, 서로 소중히 여기고 지지하고 싶다는 마음을 아낌없이 말로 표현하자.

"평소에 노력해줘서 고마워", "저번에 도와줘서 잘 해결할 수 있었어" 등 상대방을 존중하는 마음을 입 밖으로 꺼내보자. 그러면 '상대방을 눌러버리고 싶다', '잘못을 인정하게 만들고 싶다'라는 마음속 응어리가 풀리면서 공격이나 비난이 아닌 형태로 대화를 진행할 수 있다.

먼저 함께 문제를 해결하려는 마음을 갖자.
상대방의 사람 됨을 존중하자.

그런 후에 자신의 마음과 바람을 명확하고 분명하게 전달하자.

이 기본을 잊어버린 채 이야기를 시작하면 메시지가 상대방의 마음에 도달하지 않는다. 상대방을 문제 해결의 협력자라고 생각할 때 비로소 자신의 생각이나 마음도 이해받을 수 있다.

당연한 말을 소중히 여기자

얼마 전 오사카에 있는 한 회사에서 연수를 진행했다. 오사카 변두리에서 기계 부품을 만드는 작은 동네 공장으로 사원은 삼십여 명 남짓 두고 있었다.

사장님은 성실하고 권위적이지 않은 사람이었다. 정규직 직원들은 대부분 30대 남성들이었고, 중년 여성들이 시간제로 함께 근무하고 있었다. 그런데도 아무런 위화감 없이 함께 열심히 일하는 분위기였다.

벽에는 손으로 만든 개선 시트가 가득했고, 현재 문제점과 개선안이 수기로 적혀 있었다. 공장을 둘러보며 슬리

퍼나 의자가 가지런히 정돈된 모습에서 일에 대하는 마음가짐이 느껴졌다.

공장에서 일하다 보면 거래처에서 요구하는 납기나 납품량이 벅찰 때도 있는데, 상사는 어쩔 수 없이 팀원들에게 전달해야만 한다. '바쁜데 힘들 거라는 건 알지만, 그럼에도 부탁해야만 하는 일'이 날마다 빈번하게 발생한다. 수직적인 자세로 "이거 해둬!"라고 말하면 간단하겠지만, 일방적인 지시가 계속되면 관계는 삐걱거리고 서로가 피폐해진다. 사람의 '기분'이나 '마음'을 모른 척하고 지시나 의뢰만 계속하면 협력 관계가 이어지지 않는다.

내가 그 회사에서 감탄한 것은 나이가 있는 시간제 직원이나 사원들이 "미안해", "고마워", "힘들 텐데 수고해"라는 말을 자연스레 나누는 모습 때문이었다. 팀으로 일할 때는 "다들 수고 많아요"라고 말했다. 서로 자연스럽게 도움을 요청하고, 힘들 걸 알지만 해야 할 말을 머뭇거리지 않았다. 더 좋은 제품을 만들고 더 좋은 회사로 키우겠다는 생각에 서로 격려하고 협력하는 일이 자연스럽게 이어졌다.

"미안해."

"고마워."

이런 말 한마디가 서로 협력하는 관계의 토대를 만든다. 그것만이 이유는 아니겠지만, 그 회사에서 일하는 사람들은 대부분 근속연수가 길었다. 한번 입사하면 그만두지 않고 오래 근무하면서 자기 회사처럼 생각을 짜내 뛰어난 제품을 만들고 실적도 올렸다. 이름난 기업도 아니고 월급이 많은 것도 아닌데, 일하는 사람들의 따뜻하고 화기애애한 분위기에 큰 감명을 받았다.

오사카 사투리 때문이었을까. 도쿄 체인점에서 들리는 "감사합니다"라는 톤에 익숙해진 나로서는 그곳에서 들은 한 마디에 담긴 마음이 더 강하게 느껴졌다. "미안해", "고마워"라고 말해주면 듣는 사람 역시 "아니, 별말씀을. 다 같이 힘내서 하는 거지"라고 대답하게 된다.

지시나 지도, 지적과 평가와 관련된 소통에서는 논리와 이치를 동원해야 한다. 하지만 미안함과 고마움, 인간으로서의 배려와 공감이 있을 때 비로소 논리와 이치도 제대로 전달되는 것이 아닐까 싶다.

당연한 말을 소중히 여기길.
그런 소중한 메시지를 얻은 하루였다.

미안함과 고마움,

인간으로서의 배려와 공감이 있을 때

비로소 논리와 이치도

제대로 전달되는 것이 아닐까 싶다.

아무리
상처 주지 않으려 해도

앞이 보이지 않는 불안 때문인지 요즘 우리 사회는 매우 '상처받기 쉬운' 사회가 되었다.

조금만 기분 나쁜 말을 하면 상대방이 '상처받는다'.
업무적으로 지적하면 '상처받는다'.
내 기분을 상대에게 명확히 전달했더니 '상처받았다'.

어서티브 트레이닝 수강자 중에도 '상처 주지 않는 말하기를 배우고 싶다'라는 분들이 늘고 있다. 하지만 '상처 주지 않는 말하기'라는 게 과연 가능할까? 어서티브는 '상처 주지 않는 말하기'가 아니다.

아무리 조심해도 결과적으로 상처를 주는 일은 피할 수 없다. 악의적이거나 분명한 갑질을 일삼는 경우를 제외한다면, 상황을 잘 모르는 탓에 상처를 주게 되는 쪽도 문제이지만 그 말을 받아들이는 쪽도 점검해야 할 부분이 있다.

우리는 소통을 통해 타자와 만난다. 타자와의 만남은 자신의 울타리에서 나와 상대방의 영역에 발을 내딛는 것이다. 이 만남은 서로에게 아픈 경험이 될 수도 있지만 그 속으로 담담히 걸어 들어갈 때 비로소 자신과 상대를 깊이 이해하는 과정이 시작된다.

그러한 아픔 없이 상대와의 진정한 만남이 가능할까? 표면적인 관계를 유지하며 얕은 관계만 맺으면 상처받을 일이 적을 것이다. 깊은 관계를 맺는 과정에서는 받아들이기 힘든 일이나 이해할 수 없는 일도 생길 수밖에 없다. 상대와의 마찰에서 오는 '불협화음'과 '이해할 수 없는 일'을 어떻게 마주하고 대응할 것인가가 우리의 세계를 확장시키는 열쇠다.

'쟤가 나빴어', '상처 준 사람이 잘못이지'라는 생각을 가지고 "너 때문에 상처받았어"라고 말한다고 해서 상대의 입을 다물게 할 수는 없다. 그 말은 '당신은 나를 상처 입히는 못된 사람이다'라는 메시지를 품고 있는 매우 공격적인 말이므로 주의해야 한다.

상처받았다면 그 말과 행동에 내가 왜 상처를 받았는지 진짜 원인과 깊이 마주하는 것이 먼저다. 상처를 준 쪽이 나쁘다고 단정하기 전에 왜 그 말이 내게 '아픈지'를 아는 것이 먼저가 아닐까?

그런 다음에는 '그래서 어떻게 하고 싶은지', '어떻게 하면 이 문제를 해결할 수 있는지'를 진지하게 이야기해야 한다. 이때 상대에게 문제가 있다면 그 부분을 솔직하게 말하는 것이 좋다. 구체적으로는 '메일로 지적하는 것은 기분이 그러니, 다음부터는 구두로 전달해줄래요?', '회의가 끝난 후에는 의견을 말해도 바꿀 수가 없으니, 회의 시간에 발언해주면 좋겠어요' 하고 부탁을 해도 좋다.

만약 내게 문제가 있다면 앞으로는 상처받지 않도록 내면의 문제를 해결해나가는 등 자신을 들여다보는 것도 좋다. 방법은 여러 가지다. 잘잘못을 따지는 대화가 아니라 이런 소통이 문제를 해결하도록 돕는다.

중요한 건 설령 상처를 주거나 받았다고 해도 대화나 관계를 포기하지 않겠다는 마음이다. 해결해야 할 문제가 있으면 그것을 회피하지 않고 대화를 통해 풀어가겠다는 결단을 해보자. 대화를 그저 메시지 전달의 통로가 아니라 관계를 쌓는 힘으로 활용할 때 나의 내면은 더욱 단단해지고 나의 세계도 넓어질 것이다.

Chapter 3

진심으로 이해하길 원한다면

나는 너를 모른다

내 본가는 오카야마역岡山駅에서 전철을 타고 남쪽으로 1시간쯤 가면 나오는 바다 근처 작은 마을이다. 명절이 되어 본가로 내려갈 때면 차창 밖으로 푸르른 논밭이 보이고 산과 바다의 냄새가 느껴진다. 그리운 풍경에 가까워질수록 어린 시절의 나와도 가까워지는 것 같다.

어릴 때는 전철을 탈 일이 거의 없었고 학원에도 다니지 않아서 자유롭게 자랐다. 태어난 마을에서 10분만 걸으면 바다가 나왔는데, 물이 빠지면 양동이 한가득 바지락을 캘 수 있었다. 여름에는 매일같이 바다에서 놀다 얼굴이 새까맣게 탔다.

이제 그 바다는 세상에 없다. 조개를 줍던 해안에는 새로운 항구가 만들어졌고, 아이들은 사라졌으며 콘크리트 건물만이 자리를 지키고 있다.

하지만 신기하게도 반대쪽 산은 이전과 조금도 다르지 않다. 내가 다닌 어린이집이나 초등학교도 낡았지만 변함없이 그 자리를 지키며 아이들을 맞이하고 있다. 어릴 때 배를 만들어 건너다니던 강과 요괴가 나온다며 난리법석을 떨던 연못도 그대로 남아 있다.

열여덟 살에 상경하여 도쿄에서 지낸 시간이 긴데도, 본가에 돌아가면 시골의 물과 공기가 편하다는 걸 새삼스레 깨닫는다.

돌이켜보면 나는 늘 이질적인 환경에 몸을 두고 살아왔다. 이해되지 않는 현실 앞에서 만난 사람들과 어떻게든 서로 이해하며 깊은 관계를 맺고 싶다는 마음이 줄곧 내 안에 자리했다. 학창 시절부터 장애를 가진 사람들과 계속 교류하면서 장애가 있는 친구와 함께 살기도 하고, 그런 아이를 키우기도 했다. 덴마크나 영국 등 해외에서도 간간이 살았고, 개발원조 봉사활동으로 필리핀 비정부기구 NGO와 10년 이상 교류하다가 그 후 현지에서 1년 동안 생활하기도 했다. 지금도 다른 문화를 가진 가족과 함께 살고 있다.

무언가 통하지 않고, 서로 이해하기도 힘든 현실 속에서 '말'이라는 도구로 '이해'라는 블록을 하나씩 쌓아 올리는 나날이다. 늘 자신을 이질적인 문화에 던져두고 고생을 사서 한 것 같은 기분도 든다. 어떻게 이런 일을 계속할 수 있었나 스스로도 가끔 놀라지만, 타고난 성격인지 그만두고 싶은 생각은 들지 않는다.

왜 이토록 다른 문화를 포용하는 데 집착하는지 그 이유를 생각해본 적도 있다. 과거에 내버린 것들을 되찾고 싶다는 무의식적인 희망이 있는 듯하다.

어린 시절, 부모님이 맞벌이를 하셨기 때문에 수업이 끝나도 집에 가지 않고, 빈 교실에서 친구들과 놀았다. 드러내는 것에 서투르고 내향적인 나와 가장 잘 맞았던 친구는 가벼운 지적장애가 있던 S와 뇌성마비를 지닌 N이었다. 그런데 초등학교 3학년이 되면서 친했던 두 친구가 특수학교로 전학을 가버렸다. 내가 배신한 듯하기도 하고, 배신당한 듯하기도 한 그 기분은 지금도 생생히 기억한다.

그 후 공립중학교, 고등학교로 진학했고 극히 소수였던 '유학파'가 되었다. 고향을 떠나 외부 세계로 날아가 표준어로 말하고 도시 문화를 입었다. 국립대학의 몇 안 되는 여학생 중에서도 더 얼마 안 되는 '하숙파', 게다가 '욕실 없는 아파트 생활'을 한 덕에 도쿄 친구들 사이에 있어도 늘 '도쿄 사람인 척하는 촌놈'처럼 느껴졌다.

정체성에 대한 물음도, 다른 문화를 이해하고 싶다는 강한 바람도 이런 경험 덕분에 생겼을지도 모르겠다. 어서티브 전문가가 된 것도 그 연장선상에 있다고 생각한다.

불안을 이기는 확실한 방법

앤 딕슨Anne Dickson 씨와의 인연은 이십 년도 더 전에 시작되었다. 대학교 1학년을 휴학하고 해외로 날아가 유럽에 머무른 적이 있다. 그녀는 당시 영국에서 베스트셀러였던 『여성의 자기 권리』*A Woman in Your Own Right*의 저자였다.

그녀의 저서를 읽으며 새로운 세계에 눈을 떴다. 충격이었다. "주위에서 어떻게 생각하느냐가 아니라, 나 스스로 어떻게 하고 싶은지를 분명히 하며 말하기는 내가 나로 존재하기 위한 중요한 권리다." 이런 주장이 담긴 그녀의 저서는 영국에서 70만 부 이상 판매되어 베스트셀러에

올랐고, 나 또한 깊은 감명을 받았다.

3년 후 다시 영국에 들렀을 때 그녀가 만든 협회에 들어가 1년 동안 어서티브 트레이너 자격을 취득했다.

그 후 은사인 앤 딕슨 씨를 2006년에 처음 국내로 초청할 수 있었고, '커리어 개발과 어서티브'라는 주제로 강연회를 개최했다. 정원 250명을 훌쩍 넘은 310명이 참가한 데다 취소표를 기다리는 대기자도 줄을 설 정도로 성황이었다. 앤 딕슨 씨는 '일과 여성'이라는 주제를 시작으로 직장에서 여성에게 어서티브가 필요한 이유를 명쾌하게 이야기했다.

내 마음을 울린 것은 이 말이었다.

"우리에게는 언제나 '불안'이 따라다닙니다. 일에 대한 불안, 관계에 대한 불안, 평가에 대한 불안. 그런 불안을 어떻게 다루느냐가 핵심입니다.

불안을 느낄 때, 주위에 휩쓸릴 것 같을 때, 내 생각과 감정이 어떤지 살펴보고 앞으로의 행동을 스스로 선택하는 것. 그것이 어서티브입니다. 불안으로 가슴이 두근거리고 심장이 빠르게 뛰고 목이 타는 것 같아도, '나는 이렇게

불안으로 가슴이 두근거리고
심장이 빠르게 뛰고 목이 타는 것 같아도,
'나는 이렇게 생각한다'라고 말할 수 있는 것.
그 행동이 자기 신뢰를 높이고
관계에서 작은 변화를 일으킵니다.

생각한다'라고 말할 수 있는 것. 그 행동이 자기 신뢰를 높이고 관계에서 작은 변화를 일으킵니다."

'예쁘게', '올바르게' 말하는 것이 어서티브가 아니다.

틀릴지도 모르고, 미움을 살지도 모르고, 상대방이 어떻게 생각할지도 모르는 불안을 있는 그대로 받아들이면서 자신이 전달하고자 하는 바를 말하는 것. 그것이 어서티브다.

다음 날은 요코하마에서 강연이 있었다. 앤 딕슨 씨는 〈영국 어서티브〉의 역사와 이후 25년간의 변혁에 대해 설명했다. 질의응답 시간 마지막에 청중석에서 이런 질문이 나왔다.

"세상에는 마음이 어두워지는 일들이 가득해서 절망적인 기분이 들곤 합니다. 이런 세상에서 당신이 어서티브를 계속 전달하려는 이유가 있는지요?"

그녀는 대답 대신 1980년대에 남아프리카에서 겪은 일을 이야기해주었다. 정부로부터 혹독한 탄압을 받으면서도 포기하지 않고 싸운 사람 중 70대 중반의 흑인 여성이 있었다. 앤 딕슨 씨는 그녀에게 물었다고 한다.

"이렇게 탄압을 받으면서도 어째서 포기하지 않고 활동을 계속할 수 있는 건가요?"

그 질문에 흑인 여성은 이렇게 답했다.

" 진실은 우리 편이기 때문이지요."

앤 딕슨 씨는 그 말을 하며 잠시 눈물을 보이더니 침묵했다. 옆에 있던 나도 눈물을 참을 수가 없었다.

그녀는 어서티브를 한마디로 '나 자신에게 성실하기' 라고 표현한다. 변화하는 시대 속에서 무엇을 소중히 여길 것인가? 그것을 어떻게 전달할 것인가?

흔들림 없는 신념을 갖고, 절망 속에서도 희망을 잃지 않고, 내가 소중히 여기는 가치관을 정직하게 보여주는 용기를 가질 것. 짧지만 잊지 못할 사흘이었다.

'분노'는
'희망'으로 향하는 힘

아버지는 애정 표현에 서툰 분이셨다. 내가 철이 들었을 무렵, 아버지는 40대 후반이셨고 스트레스가 많았는지 자주 술을 마시고 귀가하셨다. 어머니와 싸움이 끊이지 않았고, 화가 나면 한밤중에도 큰소리로 화를 내며 물건을 집어던지셨다. 사춘기였던 나는 그런 아버지를 무척이나 싫어했다.

내 카운슬링에는 아버지가 자주 등장하는데 그때마다 얼마나 울었는지 모른다. 처음에는 '아버지가 이런 사람이었다니'라며 울었다. 그다음에는 '지금 생각해도 너무했어'라며 울었다. 그 후에는 '그렇구나. 앞으로도 아버지는 바뀌지 않으시겠지' 하며 울었다.

'더 이상 바뀌지 않는다'라면서 울 때 문득 깨달았다. '좋은' 아버지가 아니라서 줄곧 그가 바뀌기를 바랐지만, 어쩌면 내가 태어났기에 그분의 인생은 바뀌었는지도 모른다고.

그러고 보니 떠오르는 기억이 있다. 늦둥이로 태어난 덕인지 아버지는 어린 나를 정말로 예뻐하셨다. 살짝 곤란해하는 아버지의 얼굴을 보면서도 아버지 등에 올라타거나 팔에 매달렸다. 아빠를 정말 좋아했고 아빠 곁에서 떠나려고 하지 않았던 기억이 난다.

너무하다고 화를 내고 애정이 부족하다고 한탄했지만, 아버지는 당신 나름대로 나를 사랑했다는 생각이 든다. 있는 힘껏 어린 생명에게 다가서려고 했는지도 모른다. 생각이 여기에 미치자 비로소 아버지를 용서할 수도 있겠다는 마음이 들었다.

그 후 문득 아버지의 어린 시절이 궁금해졌다. 10대라는 어린 나이에 전쟁을 겪은 아버지는 오사카에 있는 대학을 고생스레 졸업하고 중학교 사회 선생님이 되었다. 그리고 정년을 조금 앞두고 교사를 그만두셨다. 아버지는 한 번도 가족들 앞에서 전쟁에 대해 입에 담으신 적이 없었다.

'분노'라는 감정은 다루기가 쉽지 않다. 분노를 잘못 표출하면 자신뿐 아니라 주위까지 파괴해버린다. 분노의 밑바닥에 있는 슬픔이나 절망까지 어루만질 수 있을 때 비로소 마음 깊은 곳에 자리한 '희망'과 만난다. 우리는 희망하는 것이 있기 때문에 깊이 상처 입고 절망하고 분노한다. 희망이 없으면 분노도 없다.

아버지를 이해하고 싶다는 생각을 하면서 아버지에 대한 분노가 내 안에서 바뀌어가는 것이 느껴졌다. 아버지를 고통스럽게 한 시대의 광기, 지금도 계속 사람이 사람에게 상처를 입히는 현실에 대한 분노로 말이다. 그 분노 이면에는 사람을 향한 애정 어린 관심, 깊은 관계를 향한 희망이 자리하고 있었다.

분노는 희망으로 향하는 길이다. 희망은 무언가를 바

꾸고자 하는 힘이다.

희망이 있기에 힘든 현실 속에서도 앞을 향해 나아갈 수 있다. 이것을 깨닫기까지 오래 걸렸다. 이 또한 아버지와의 오랜 갈등을 통해 받은 선물인지도 모른다.

가까운 사이일수록 솔직하게

가족에게 상처 주지 않으면서 내 마음을 솔직하게 전하는 것은 정말로 어려운 일이다. 어서티브 전문가인 나조차도 때때로 부족함을 느끼는 부분이다.

아버지가 인지증(치매, 일본에서는 치매 대신 인지증이라는 용어를 사용함—옮긴이)으로 돌봄이 필요해졌을 때, 아버지 간호로 지친 어머니를 돕고자 본가로 내려간다는 연락을 했다.

그런데 귀성을 일주일 앞두고 어머니로부터 '넌 오지 않는 게 좋겠다. 나도 힘들어 신경을 못 써줄 테고'라는 연락이 와 있었다. 충격을 받았다. '다 어머니를 생각해서 하려고 했던 건데! 이젠 불러도 안 가'라는 말이 입 밖으로 나오려다가 말았다.

하지만 어머니의 글을 몇 번이고 읽어보니 실은 어머니가 딸의 도움도 거절하고 싶을 만큼 괴로운 심정이라는 것이 절실하게 와닿았다.

내려가기로 마음먹었을 때 내가 진심으로 바랐던 것은 무엇이었을까? 아버지와의 관계, 어머니와의 관계를 어떻게 하고 싶은 걸까 생각해보았다.

내가 바라는 것은 어머니를 탓하는 것도 포기하는 것도 아니었다. 어머니를 홀로 두었다는 죄책감을 느끼고 싶지도 않았다. 부모님을 정말 사랑하기에 할 수 있는 일이 있다면 가급적 하고 싶다는 게 내 진심이었다. 그 솔직한 마음을 전달하려고 긴 답장을 썼다.

어머니의 괴로운 마음이 전해졌고 신경 쓰고 싶지 않은 마음도 잘 알겠다. 다만 나도 아버지와 어머니의 얼굴을 보고 싶고, 내가 할 수 있는 일을 하고 싶다. 시간이 날 때는 짧더라도 집에 가고 싶다. 준비는 해두었으니 언제라도 연락 달라는 말로 끝맺었다.

다음 날 어머니로부터 답장이 왔다. 어머니는 내 편지를 읽고 처음으로 우셨다고 했다. 홀로 모든 짐을 감당하며 친척들의 도움도 마다해온 어머니에게 내 마음이 전해진 것 같았다. 내 마음에 솔직해지자 어머니에게도 그 마음이 전해졌다.

집에 돌아가자 일상에 다소 지장은 있지만 두 사람 모두 걱정했던 정도는 아니어서 가슴을 쓸어내렸다. 어머니를 대신해 집안일을 하고 아버지를 병원에 모시고 가고 밤에는 셋이서 조용한 시간을 보낼 수 있었다.

아버지는 이제 말씀이 없으시다. 귀가 들리지 않는 그는 조용한 세계에 조심스레 살고 있다. 인지증인 아버지를 보면서 대단하다고 느끼는 것은 마치 아이처럼 사람의 친절을 민감하게 느낀다는 사실이다. 도우미나 요양보호사 등 상냥하게 대해주는 사람의 얼굴은 금세 기억하지만, 푸대접을 당하면 얼굴을 기억하지 못한다. 상냥하게 다가가면 빙그레 웃어주시기도 한다.

오랜 습관이던 흡연도 잊어버려 아버지에게는 먹는 힘과 배설하는 힘 그리고 사랑받는 힘만 남은 것 같았다.

인간이 살아가는 데 꼭 필요한 것은 무엇일까?
마지막까지 인간으로서 존엄하다는 것은 어떤 걸까?
아버지를 보면서 몇 번이고 생각한다.

내 또래 정도 되는 사람들이 아버지를 잃었다거나 돌봄으로 힘들다는 이야기를 들으면 나도 앞으로 몇 년이나 이런 시간을 더 보낼 수 있을까 싶다. 어머니는 아버지의 물건을 조금씩 처분하면서 하루하루 살고 계신다.

우리의 솔직한 마음을 전할 수 있는 시간이 앞으로 얼마나 더 남았을까?

말로는 표현하지 못하는 기분에도 귀 기울이기

'언어화'가 어서티브의 전부는 아니다. 기분은 말뿐만 아니라 온몸으로 느끼고 전달된다.

이번 주부터 본가인 오카야마에 돌아와 말 없는 아버지를 돌보고 있다. 아버지가 갑자기 입원하게 되어 돌봄에 지친 어머니를 돕기로 한 것이다.

아버지는 귀가 들리지 않아 이미 오랫동안 침묵 속에 살고 계신다. '언어를 통해 이해하기'가 불가능에 가까워진 것인데, 감정만은 아버지 안에서 지금도 풍부하게 넘치고 있다. 기분이 안 좋을 때도 있고 곤혹스러워하기도 하고, 기뻐하기도 하고 온화해지기도 하신다.

신기하게도 아버지는 주위 사람들의 감정에 매우 민감해 아무리 웃는 얼굴의 간호사라도 태도가 상냥하지 않으면 부정적으로 반응하신다. 상냥한 마음으로 느긋하게 말을 걸면 아버지도 온화한 얼굴로 몸을 맡기신다.

내 얼굴을 보았을 때 아버지가 누군가 하는 표정을 짓더니 문득 자신의 딸이라는 것을 알았는지 얼굴에 긴장을 풀고 천천히 고개를 끄덕이셨다.

매일 저녁 무렵 병원 안을 휠체어로 산책한다. 이제 그곳은 적막으로 가득하다. 하지만 아버지의 기분은 어쩐지 알 것 같다. 어제는 매우 기분이 안 좋았지만, 오늘은 무척 온화하다. 오늘 아침에는 기분 좋은 바람과 빛 때문에 살짝 기뻤던 것 같다. 손을 잡으니 조용히 쥐어주신다.

지금까지 이토록 아버지의 얼굴을 많이 바라본 적이 있었을까? 먹을 때도 걸을 때도 아버지의 얼굴을 바라보면서 작은 표정 변화와 눈의 움직임, 입의 움직임을 통해 조금이나마 아버지의 기분을 읽어내려고 했다.

이런 커뮤니케이션도 있구나 싶다. 말도 중요하지만 말로 표현할 수 없는 기분은 정말로 소중하다.

말하지 못하는 생각에 어떻게 귀 기울일 수 있을까?

풍부하며 복잡하고 시시때때로 변하는 감정을 우리는 어떻게 받아들일 수 있을까?

가을 석양을 바라보며 줄곧 생각했다.

말도 중요하지만
말로 표현할 수 없는 기분은 정말로 소중하다.
말하지 못하는 생각에 어떻게 귀 기울일 수 있을까?
풍부하며 복잡하고 시시때때로 변하는 감정을
우리는 어떻게 받아들일 수 있을까?

누구나 소중하게 대접받을 권리

지금 나는 아버지의 마지막을 함께하고 있다.

위독하시다는 연락을 받고 본가로 돌아온 후로 줄곧 아버지 곁을 떠나지 않았다. 죽음으로 향하는 아버지에게 마음속으로 몇 번이고 말을 걸면서 이별을 준비하고 있다. 너무 이르거나 갑작스러운 죽음에 직면한 가족들에 비하면 시간을 갖고 천천히 이별할 수 있는 나는 행복한 편인지도 모른다.

병원에 있으면서 간호사들에 대해 많이 생각하게 된다. 매우 상냥한 분도 있지만 그렇지 않은 분도 있다. 그중에서도 아버지를 담당하는 간호사는 마음이 따뜻한 분이셔서 함께하는 가족으로서는 눈물이 날 만큼 감사하다.

호흡이 힘들어 차가워지는 아버지의 손과 발을 쓰다듬어주고 기분을 알기 위해 말을 걸어준다. 그런 대응 하나하나가 함께 있는 어머니와 내 마음까지 어루만진다.

오늘은 젊은 남자 간호사가 왔다. 내 질문에 하나하나 정성껏 답해주고 발이 차갑겠다며 담요를 가져와 "좀 더 빨리 알아차렸어야 하는데 죄송해요"라며 아버지께 인사한다.

이 세상과 저세상에 걸친 상태로 의식이 희미한 아버지에게 말을 걸어주는 것이 곁에 있는 가족으로서는 얼마나 기쁜 일인지 모른다. 그런 배려 있는 태도에 그저 눈물이 흐를 따름이다.

현명하고 능력 있는, 대등한 인간으로 존경받고 대접받을 권리가 나에게는 있다.

앤 딕슨 씨의 말이다. 인간으로서 소중하게 대접받는 것. 마지막까지 다른 사람에게 존중받는 것. 그녀는 이것이 우리의 기본 권리임을 외치고 있다.

아버지에게 이별을 전하려고 달려오신 분들의 이야기를 들으며 아버지의 모습을 바라보고, 간호사의 대응을 보면서 존엄 있는 존재로 대접받을 권리에 대해 마음속으로 곱씹어본다.

사람으로 태어나 사람으로 죽다.

너무도 당연한 이 사실을 진심으로 소중히 하고 싶다.

말을 하지 못하는 아버지의 손을 잡으며 내 마음이 조금이나마 전해지기를 바랐다.

오늘을
소중한 말들로 채우자

집에 돌아오고 이틀이 지난 밤 아버지가 조용히 숨을 거두셨다. 그의 나이 여든이었다. 나는 꼬박 이틀을 아버지와 함께했다.

돌아가신 날이 우인일友引日(이날 장례를 치르면 다른 사람의 죽음을 부르게 된다는 날—옮긴이)이었기 때문에 다음 날 조문을 받고 그다음 날에 장례를 치렀다. 조문을 받기 전에는 장의사가 와서 아버지의 입관 의식을 진행했다. 관에 들어간 아버지는 내가 어린 시절에 보았던 총기 있던 모습으로 돌아가 편안히 잠들어 계셨다. 장의사가 엄숙하면서도 부드러운 태도로 아버지의 마지막 여행을 준비했기에 어머니와 나, 여동생은 감동스러운 마음으로 지켜보았다.

장례는 가까운 친지들만 모시고 조용히 치렀다. 출관할 때 갑자기 하늘이 흐려지더니 비가 쏟아졌다. 모두 아버지의 작별인사가 아닐까 하고 이야기했다.

아버지의 장례를 치른 후 도쿄로 돌아와 《굿바이》라는 영화를 보았다. 몇몇 사람들이 세상과 작별하는 모습이 아버지의 모습과 겹쳐지며 눈물이 멈추지 않았다. 그 와중에도 죽은 이를 대하는 장의사의 정성스럽고도 아름다운 태도에 저절로 고개가 숙여졌다. 매우 인상적인 영화였는데, 특히 화장터에서의 이 말이 마음에 남았다.

"죽음은 끝이 아니라 여행을 떠날 때 문을 나서는 것과 같다."

인간은 언젠가는 죽는다.

죽음이 있기에 생이 아름다운 것이리라. 삶을 사는 것, 사랑하는 것, 열심히 일하는 것, 맛있는 음식을 먹는 것, 조용히 생각하는 것, 사랑하는 사람과 이야기하는 것, 함께 걷는 것, 음악을 듣는 것… 그 모든 것이 영화 속에서 생생하게 그려져 인간의 삶도 죽음도 모두 사랑스러운 것임을 진심으로 느낄 수 있었다.

산다는 것은 곧 죽어가는 것이며, 더 나은 삶을 사는 것이 더 나은 죽음을 맞는 길인지도 모른다. 언젠가 분명 찾아올 죽음이기에 오늘 하루를 소중히 여기며 후회 없이 살아야겠다고 다짐한다.

열심히 살고 열심히 사랑하자. 매일을 소중히 여기자. 오늘을 더 소중한 말들로 채워가자.

희망은 어른의 책임

나는 2012년 1월 31일에 아들과 딸 쌍둥이를 출산했다. 고령에다 초산, 쌍둥이 임신으로 고위험군 임부였던지라 연초부터 줄곧 입원 상태였는데, 걱정과 달리 아이들은 매우 건강하게 태어났다. 지금도 이 세상에 온 기적 같은 생명에게 진심으로 감사하고 있다.

2012년은 동일본대지진이 있던 해였다. 대지진은 가슴이 무너지는 일이었지만, 동시에 산다는 게 무엇인지, 나에게 진정 소중한 것이 무엇인지 다시 생각해보는 계기가 되었다.

절망적인 상황 속에서도 서로 돕고, 손을 내밀며 살아갈 수 있다는 것. 사람이 희망이라는 것. 하루하루 정성껏 살아가는 것이 희망의 불씨를 꺼뜨리지 않는 일이라는 것. 당연한 말이지만 이런 '희망'을 잃지 않고 살아가는 것이 바로 어른들의 책임이라는 생각이 들었다.

출산을 하며 많은 분들로부터 축하 메시지를 받았다. 한마디 한마디에 눈물이 쏟아졌다. 매일 많은 사람의 도움을 받으면서 살아간다는 것의 소중함을 다시금 되새기고 있다.

내가 입원한 시기의 병실에는 여러 위험에 처한 분들이 많았다. 중한 심장병을 앓는 자녀를 둔 분, 쌍둥이를 조산하게 된 분, 태어난 아이가 집중치료실에 들어가 매일 얼굴을 보러 가는 분. 집중치료실NCIU이 있는 종합병원이어서 같은 병실을 쓰는 분들과 여러 이야기를 나눌 수 있었다.

생명이 태어난다는 것은 말 그대로 '기적'이며, 조건 없이 축하하고, 또한 환영받아야 할 일이다. 이것을 이토록 절실히 느낀 적은 없었다. 태어나는 생명은 모두 똑같이 소중하다. 모든 아이는 사회의 보물임을 절감하는 하루하루였다.

지금은 새로운 생활에 익숙해지는 것만으로도 벅차 하루가 눈 깜짝할 사이에 지나간다. 이 나이에 이렇게 새로운 도전을 할 수 있게 해준 아이들에게 진심으로 고맙다. 분명 상상도 못 한 세상이 펼쳐질 것이리라.

앞으로도 내 어서티브한 태도가 시험대에 오를 일이 수없이 많을 것이다. 그럴 때마다 아이들이 내게 얼마나 소중한 존재인지를 되새기며 어떤 상황에서도 희망을 잃지 않으리라.

생명이 태어난다는 것은
말 그대로 '기적'이며 탄생은
무조건적으로 축복받고
환영받아야 할 일이다.

Chapter 4

어려운 말을 꺼내야 한다면

불안할수록 회피하지 말라

상사와 부하 직원 관계, 부모와 자녀 관계, 사회적 지위로 인한 상하 관계, 지식의 차이 등으로 인한 도제 관계….

이처럼 상하 관계에 있는 상대와 대립하는 상황에서 어서티브하게 행동하기란 쉽지 않다. 힘이나 지위에서 불리한 상황이라도 상대방을 존중하며 성실하고 대등하게 대화하기 위해서는 무엇이 필요할까?

의견이 대립되거나 이해관계가 상충하는 상황, 나도 상대방도 감정적으로 행동하기 쉬울 때는 가장 먼저 내 마음속 '불안'을 다스려야 한다. 마음속에 싹트는 불안을 어떻게 처리하느냐가 행동을 결정짓기 때문이다.

불안에 직면하면 다음과 같은 행동 패턴을 보이기 쉽다.

√ 불안을 감추려고 상대방을 공격한다.

√ 불안에 사로잡혀 입을 닫는다.

불리한 상황에서 겪게 되는 불안한 감정을 분명히 인정하고, 행동과 말을 조절하며 자신과 상대방을 탓하지 않는 것이 어서티브한 태도라 할 수 있다.

생각해야 할 것은 다음 세 가지다.

√ '상대방을 공격하지 않겠다', '입을 닫지 않겠다'라고 결심하기

√ '내가 진정으로 바라는 것은 무엇인가?', '앞으로 상대와의 관계를 어떻게 하고 싶은가?'에 대해 진지하게 생각해보기

√ 불안한 상황에서도 용기를 갖고 당당하게 마주하기

꽤 오래전 일이 떠오른다. 심한 장애를 가진 친구가 갑

자기 입원을 했다. 그녀의 상태를 본 의사는 친구가 바라는 것과 정반대 지시를 내렸다. 의사의 고압적이고 일방적인 태도에 대해 내가 반발하면서 싸움이 날 듯한 분위기가 형성되었다. 그녀의 가족은 침묵을 지키고 있었다.

이때 친구가 올바른 대응을 선택했다. 싸우려 들거나 침묵하지 않고, 차분한 목소리로 의사의 얼굴을 보면서 명확한 커뮤니케이션을 취했다.

"선생님 생각은 잘 알겠어요. 그런데 저는 XX를 바라고 있으니, 한번 검토해주시면 안 될까요?"

이때 친구의 태도를 지금도 잊을 수가 없다. 전문가인 의사에 비해 지식이나 정보의 수준이 낮은 불리한 입장이었지만 바라는 것을 명확하고 차분하게 이야기했다. 그녀의 태도에 의사는 잠시 놀라는 듯했지만, 금세 그녀 곁에 앉아 눈을 맞추었다. 그 결과 둘은 제대로 이야기를 나눌 수 있었다.

입장은 서로 다를 수 있지만 '한 사람'으로서는 모두가 대등하다. 그러니 상황적으로 대등해지기 어려운 관계라도 상대방의 입장과 가치관을 존중하고 마음을 다해 이야기하면 인간으로서 대등한 관계가 형성되고 대화의 문이 열린다. 친구의 용기 있는 행동을 통해 이를 배울 수 있었다.

불안한 때일수록 회피하지 말고 자신이 바라는 것에 더욱 정직해질 것. 이러한 자세를 항상 기억했으면 좋겠다.

상대방도 나름의 사정이 있다

상대방의 행동이나 태도에 화가 날 때면 '이 사람 도대체 뭐야?', '저 사람은 내가 싫은가?' 싶을 때가 있다.

예를 들면 이럴 때 말이다.

- ✓ 동료에게 말을 걸었는데 반응이 없고 왠지 나를 계속 피하는 듯하다.
- ✓ 상사가 내 일에 일일이 간섭한다.
- ✓ 다른 부서 사람이 고압적인 태도로 말을 건다.
- ✓ 가족이 쉽게 짜증을 내고 내가 말을 걸어도 무시한다.

그런 태도에 이미 화가 난 상태라면 이야기를 하려고 해도 싸움이 나기 쉽다. 이때 '상대방에게도 나름의 사정이 있을지 모른다'는 사실을 기억하면 좋다.

상대방이 어떤 행동을 했다고 해서 반드시 나를 싫어한다고는 할 수 없다. 상대방에게 내가 생각지도 못한 사정이 있을지도 모른다.

그 자리에서 보이는 표면적인 행동이나 말을 꼬투리 잡기 시작하면 점차 그 사람과의 관계가 어려워지고 대화를 하기도 싫어진다. 상대가 잘못된 행동을 하더라도 우선은 '나름의 사정이 있는지도 모른다'라고 생각해보면 분노를 누그러뜨릴 수 있다.

앞의 사례에서는 이렇게 말이다.

√ 동료에게 말을 걸었는데 반응이 없고 왠지 나를 계속 피하는 듯하다.
  – 동료는 지금 담당 업무에 대해 깊이 고민하고 있다.
√ 상사가 내 일에 일일이 간섭한다.
  – 상사 나름대로 업무를 가르쳐주려고 하고 있다.

√ 다른 부서 사람이 고압적인 태도로 말을 건다.

- 그 사람은 원래 누구에게나 그런 태도를 보인다.

√ 가족이 쉽게 짜증을 내고 내가 말을 걸어도 무시한다.

- 오늘은 회사에서 힘든 일이 있어서 피곤하다.

상대방의 행동이나 태도로 '내가 피해를 입었다'라고 생각하면 화가 나고 상처받는다. 하지만 '상대방에게 무언가 사정이 있는지도 몰라', '그 사람은 원래 그래. 나한테만 그러는 건 아니야'라고 생각하면 분노에 발목 잡히지 않을 수 있다.

상대방 때문에 화가 났다고 느끼기 시작하면 나는 '피해자', 상대방은 '가해자'가 된다. 자신을 피해자라고 생각하면 누구라도 화가 나는 법이다.

그러니 그렇게 생각하지는 말자. 상대방에게는 내가 모르는 사정이 있을 수도 있고, 그가 원래 '그런 사람'이어서 내가 어떻게 할 수 없는 부분일 수도 있다. 상대방이 화를 불러일으킨 게 아니라, 내가 상대방의 행동에 그렇게 반응한 것일 뿐이다. 그러니 살짝 마음의 거리를 두자고 생각하면 상황이 달리 보인다.

분노에 지배당해 나를 '피해자'라고 여기지 말고, '내 화는 내 것. 반응할지 말지는 내가 결정한다'라고 마음을 크게 먹으면 상황에 일일이 휘둘리지 않을 것이다.

내 화는 내 것.

반응할지 말지는 내가 결정한다.

아무리 노력해도 바꿀 수 없는 것

자신의 감정을 솔직하게 전하고 싶을 때 명심해야 할 것 중 하나가 바로 '상대방은 바꿀 수 없다. 바꿀 수 있는 것은 오로지 나뿐이다'라는 사실이다. 날카로운 시선과 말이 '상대방'을 향하고 있다면 아무리 표현을 매만지고 논리적으로 말해도 상대방의 마음에 전해지지 않는다. 마찬가지로 상황도 달라지지 않는다.

자기 안에서 '무엇을' 바꿔야 자신과 상대방을 탓하지 않을 수 있는지를 찾아내기란 쉬운 일이 아니다. 그 '무엇을' 잘못 찾으면 아무리 노력해도 좋은 결과를 얻을 수 없다.

나의 경우 일은 물론이고 사생활(육아나 집안일 등)에 관해 작은 비판이라도 받으면 매우 화가 났다. 듣기 싫은 말이 날아오면 "그런 소리 좀 하지 마"라며 나도 모르게 감정적으로 반응해버렸다. 마음속에서 주문처럼 '상대방은 바꿀 수 없어. 내가 바뀌어야 해'라고 외치면서도 내 안의 '무엇을' 바꾸어야 될지 몰라 그것을 오래 찾아 헤맸다.

√ 감정적으로 반응하지 말자.

√ 바로 반격하지 않도록 한 호흡 쉬자.

√ 마음을 가라앉히고 대응하자.

이런 식으로 화를 억제하기 위한 여러 대처법을 시도해보았지만 언제나 상대의 말에 과하게 반응하고 있었다. 상대에게 줄곧 시선을 고정하며 그가 어떻게 나올지 살피는 한 아무리 애써도 성공하지 못한다.

상대방이 어떻게 나오든 상관없이 내 본연의 모습, 있는 그대로의 마음가짐과 마주하도록 하자. 상대방을 바라보는 내 '관점'을 바꾸자.

문득 '어쩌면 나를 가장 탓하고 있는 건 나인지도 모

른다'라는 생각이 들었다.

나는 '또 해내지 못했어', '다른 선택을 했더라면 좋았을 텐데……'라며 과거의 나를 용서하지 못하고 탓하고 있었다. 과거 일에 대해 비판받을 때 감정적으로 반발하게 되는 건 내가 자기 자신을 비판하고 있었기 때문이었다. 그러니 "어째서 이렇게 행동하지 않았어?"라는 말을 들으면 나를 정당화하고 싶은 마음에 "그러는 당신도 하지 않았잖아" 하고 되돌려주고 싶어졌다. "이렇게 했어야 했어"라는 말에는 "그렇게 못했으니 어쩔 수 없잖아!" 하고 반격하고 싶어졌다.

내가 나를 탓하지 않으면 어떻게 될까?

물론 당시 나는 잘하지 못했다. 미숙했고 지쳐 있었다. 잘못된 판단도 많이 했다. 하지만 그런 나도 나임에는 변함이 없다. 그런 나도 나이고 열심히 해온 나도 나다.

과거의 나는 바꿀 수 없다.

하지만 '지금의 나'와 '앞으로의 나'는 선택에 따라 바꿀 수 있다. 그러니 과거를 탓하는 일은 그만두자. 이렇게 다짐하고 스스로 나를 용서하니 듣기 싫은 말에 과민하게 반응하는 일이 줄어들었다.

대부분 자신을 정당화하고 싶을 때 반격하려는 마음도 함께 찾아온다. 자신을 방어하고 싶어서 반발한다. 내가 못해서 그런 거라고 스스로 탓하는 일을 멈춰보자. 과거는 지나갔다. 결과야 어떻든 열심히 살아왔다. 어떤 모습이라도 괜찮다고 스스로 인정해주자. 내가 나를 믿어주자. 이것이 상대방의 말에 일일이 휘둘리지 않으면서도 주위에 관용적인 태도를 보일 수 있는 첫걸음이다.

머리로는 알아도 나도 모르게 꼭 이런 덫에 빠진다.

'내 탓이 아니야.'
나에게 외우는 주문이다.

거절에도 품격이 있다

우리는 거절할 때 반론이 두려운 나머지, '아니오'라는 결론만 전달하면서 상대를 설득하려고 할 때가 있다. "그건 싫습니다"라고 서둘러 대화를 마치고 자리를 떠나려고 하는 것이다.

이런 거절이 좋다고 할 수 있을까?

분명하게 거절 의사를 표현한 것은 어서티브한 태도의 기본이지만, 자칫 실수하면 자기중심적이고 일방적인 모습으로 보일 수도 있다.

자기만족을 위한 거절이 되지 않도록 주의해야 할 두 가지가 있다.

✓ 첫째, 거절은 '사람'에 대한 것이 아니라 '일'에 대한 것.
✓ 둘째, 거절이 서로를 위한 결정임을 전달할 것.

첫 번째 예를 소개해보자.

A 씨는 대학을 졸업하고 7년 동안 노인 요양 시설에서 돌봄 매니저 업무를 했고, 지금은 직장에서 리더 역할을 맡고 있다. A 씨에 대한 시설장의 믿음이 커서 직원 지도부터 업무 배치까지 많은 업무를 담당해왔다.

최근 A 씨는 야간 전문학교에서 교원 자격증을 따기 위해 공부를 시작했고, 인재 육성에 흥미를 갖게 되었다. 복지 관련 인재를 훌륭하게 키워내 현장에 내보내는 것이 A 씨의 꿈이다.

"커리어를 바꾸고 싶으니 일을 그만두겠습니다."

A 씨는 시설장에게 이렇게 말했다.

"새로운 일을 하고 싶습니다. 연수를 담당하는 강사

가 되어 복지 시설을 돕고 싶으니 지금껏 하던 일은 그만두겠습니다."

시설장은 A 씨의 뜻을 충분히 이해할 것이다. 하지만 '일을 그만두겠습니다'라는 결론 전달 방식은 상당히 일방적인 느낌이다. A 씨의 말에는 자신의 사정, 이익, 상황만 들어 있지 상대방에 대한 배려나 상대의 이익은 쏙 빠져 있다.

자신 있게 거절 의사를 전달하는 것은 어서티브의 중요한 요소가 맞다. 하지만 그것만으로는 부족하다. 또 하나의 관점, 바로 상대방의 기분과 가치관도 소중히 여기는 관점이 빠진 거절은 자기만족일 뿐이다.

품격 있는 거절은 '자신의 존엄'과 동시에 '상대방에 대한 경의'를 모두 갖추었을 때 성립된다. 자신과 상대방을 모두 소중히 여길 때 비로소 대등한 의미의 거절이 된다는 사실을 잊지 말자.

그렇다면 어떤 말을 덧붙이면 상대방에 대한 배려가 담긴 거절이 될까?

예를 들면 이런 말들이다.

√ 이 시설에서 많은 것을 배웠다.

√ 지금까지의 업무 경험이 있었기에 지금의 내가 있다.

√ 그간의 경험을 바탕으로 더 나아가고 싶다.

√ 나를 키워준 시설장을 비롯한 선배 직원들에게 진심으로 감사한다.

√ 솔직히 고민도 많이 된다.

√ 복지 관련 인재를 육성하는 다른 길을 택해 이 분야에 기여하고 싶다.

√ 지금까지 많은 도움을 받았다. 앞으로도 잘 부탁한다.

이런 말들은 상대방에 대한 배려의 표현이다. 상대방이 조직의 수장이든 자신보다 경험이 적은 후배든 상관없다. 확실한 거절 의사와 상대방에 대한 배려, 두 가지가 함께 있을 때 비로소 우리의 거절이 따뜻한 온기를 가진 메시지가 되어 상대방의 마음을 울릴 수 있다.

누군가 '비판'이라는 공을 던질 때

비판받기를 좋아하는 사람은 없다. 애초에 우리 사회는 '건설적인 비판'을 별로 경험하지 못한 까닭에 '비판'을 '비난'이나 '부정'과 같은 의미로 받아들이는 경우가 많다.

무턱대고 부정당해 위축되었던 경험, 듣지 않아야 할 비난에 상처받은 일, 외모나 인격과 관련해 공격에 가까운 비판을 받은 일이 있는가? 어쩌면 우리가 비판에 과하게 반응하는 것도 어쩔 수 없는 일 아닐까?

일단 '비판'이라는 말의 정의를 '듣기 싫은 말' 정도의 넓은 의미로 생각해보자. 그러면 비판에 대응한다는 것은 듣기 싫은 말을 들어도 반격하거나 무시하지 않고 그 이면에 감춰진 진짜 문제를 찾아 대화하는 일로 변한다.

다루기 힘들게 느껴지는 비판도 대응 방법만 알면 꽤 편해질 수 있다.

나 역시 어서티브 개념을 접하고 가장 잘 써먹은 것이 바로 '비판 대처법'이었다. 단순히 상처가 두려워 피하거나 상대방에게 화를 내는 대신 자신 있게 대응하는 방법이 있다는 사실이 놀라웠기에 지금도 생생히 기억한다.

비판에 대응하는 데 있어 중요한 것은 무엇일까?

바로 상대방의 말에 '진지하게 귀를 기울이는 것'이다. 비판이라는 형태를 띠고 있지만, 내게 무언가 전달하고 싶은 메시지가 있을 테니 그것을 이해하려는 자세로 귀를 기울이면 된다.

수용하려는 자세만 있어도 절반은 성공한 셈이다. 그런 자세를 갖고 상대방이 전하고자 하는 핵심 메시지를 이해해보면 문제는 의외로 쉽게 해결된다.

상대방의 비판에 방어적인 태도를 보이거나 "그건 그

렇지만", "그러는 당신은 어떤데"라며 반격하는 것은 감정적인 대응이다. 그러니 우선은 한 호흡 쉬고 "그렇구나", "듣고 보니 일리가 있네"라고 말해보자.

수용이 반드시 '동의한다'는 의미는 아니다. 상대방이 던진 '비판'이라는 공을 받는 것 정도로 생각하면 된다. 가급적 상대방의 얼굴을 바라보면서 차분한 어조로 이야기하도록 하자.

비판을 받아들이는 것이 쉬운 일은 아니므로, 사소한 비판을 수용하는 경험을 쌓으며 익숙해지는 것이 좋다.

"어? 그건 좀 아니지 않아?"라는 말을 들으면 "그렇구나. 다르게 생각할 수도 있겠어", "또 실수했네"라는 말에는 "진짜 그러네" 하고 말이다.

비판은 받아들이기에 따라 내가 성장하는 계기가 되기도 한다. 나에 대한 관심과 기대 그리고 깊이 나를 이해하고자 하는 마음의 표현이라고 생각하면 비판을 받아들이는 마음가짐도 달라진다. 비판에 들어 있는 메시지에는 인생을 풍요롭게 해줄 보물이 가득하니 잘 받아들여 성장

수용하려는 자세만 있어도
절반은 성공한 셈이다.
그런 자세를 갖고 상대방이 전하고자 하는
핵심 메시지를 이해해보면
문제는 의외로 쉽게 해결된다.

의 기회로 삼자.

누군가에게 주의를 주거나 비판할 때 '인격'을 공격해 버리면 소통에 성공하지 못한다. 상대방을 '인격체'로 존중하면서 조심히 행동하는 태도는 어서티브 기술에서 가장 중요한 부분이며, 부정적인 메시지를 전달할 때 꼭 의식해야 할 점이다.

누군가에게 화가 나서 '한마디 해줘야겠다'라는 생각이 들 때, 자기 안에 몇 가지 '노란 깃발'을 세워두면 공격적인 말을 피할 수 있다.

내가 주의하는 것은 다음 세 가지다.

첫째, 입을 열기 '전에' 나 자신에게 '솔직하게' 물어보기. 이 말을 하고 싶은 이유가 무엇인가? 상대방에게 잘못을 인정하게 하고 나의 정당성을 증명하고 싶은가?

'개운한 기분을 느끼고 싶어서'가 주된 이유라면 일단은 말하지 않고 기다리는 것이 좋다. 이런 태도로 말하기 시작하면 누가 옳고 그른가를 따지는 싸움이 되어 서로 이해하고 수용하는 일이 어려워지기 때문이다. 적어도 싸움터에서 내려올 만큼 진정될 때까지는 기다려야 한다.

둘째, 머릿속에 '당신이 문제잖아', '너 때문에 곤란해졌어' 등 상대방을 탓하는 말로 가득 차 있다면 멈춰 서서 자신에게 물어보자. '정말 상대의 행동 때문에 곤란해졌는가?', '서로에게 정말로 문제가 되는 건 뭘까?' 하고 '상대방'이 아니라 '진짜 문제'에 대해 생각해보는 것이다. 머릿속에서 '네가 문제야'라고 생각하는 한, 상대방은 공격의 화살이 자신에게 향해 있음을 느끼고 마음 문을 열지 않는다. 마음이 닫힌 상태에서는 진정한 대화가 불가능하다.

주의를 주고 비판하는 목적은 문제에 대해 이야기하고 함께 해결하기 위해서다. 그러니 '당신'에 초점을 맞추지 말고 "이런 문제가 생겨 서로에게 곤란한 상황이라고 생각한다"며 자신이 느끼는 문제를 공유하는 것부터 시작하자. 그러면 '책임 전가 모드'에서 '문제 해결 모드'로 전환할 수 있다.

셋째, '상대방에 대한 이해'와 '자신의 책임'을 반드시 말로 표현해야 한다. 이는 범인 색출이 아니라 문제를 해결하기 위해 중요한 접근이다.

가령 "네가 잘하려고 하다가 그랬던 것 잘 알아", "그런 방식으로 해서 잘된 케이스도 있는 건 맞아" 하고 상대방에게 이해의 말을 전한다. 이와 동시에 자신의 책임도 인정한다. 아플지 몰라도 자기 책임을 인정함으로써 대화의 문은 확연히 넓어진다.

"나도 말이 너무 심했어. 미안해."

"더 빨리 상의를 했어야 하는데. 그 점은 나도 반성하고 있어."

비판은 사람을 공격하기 위한 것이 아니라, 문제를 함께 해결하기 위한 계기에 불과하다. 그 점을 기억하면 우리가 진정으로 전달하고 싶었던 메시지를 상대방에게 훨씬 잘 전할 수 있을 것이다.

Chapter 5

불안과 비판을 똑바로 마주하려면

부모가 먼저
자기를 신뢰하기

“자녀와 소통하는 일이 쉽지 않아요. 어떻게 하면 좋을까요?” 최근 어떤 분이 던진 질문이었다.

그분은 자녀에게 차분하게 이야기하고 싶은데도 자꾸만 감정이 앞서 잔소리나 불평을 하고 마는 자신을 자책하고 있었다. 이 때문에 아이에게 화를 내거나 상처 주지 않고 솔직해지려면 어떻게 해야 할지 물어본 것이다.

이 질문에 답하기 전 먼저 생각해보아야 할 다른 질문이 있다. “자녀와 완전히 동등한 입장에서 솔직하게 이야기하는 것이 가능할까?” 솔직히 말하자면, 여기에 대해서는 나도 잘 모르겠다.

"서로 대등한 관계가 될 수 있는가" 하는 문제를 들여다봐야 하기 때문이다. 어서티브의 핵심 중 하나가 '서로 대등한 관계를 지향함'이다. 하지만 부모와 미성년자인 자녀 사이에는 경제적으로나 정신적으로나 큰 차이가 있다. 이런 상황에서 부모가 자신의 바람을 솔직하게 전하려고 해봐야 대등해지기는커녕 통제나 관리가 되어버릴 위험이 있다.

어른들은 아이가 '부모의 말을 잘 들었으면', '숙제를 잘했으면', '(어른들이 바라는) 착한 아이로 컸으면' 하는 바람과 기대를 갖고 있다. 그 바람을 말로 전하기는 쉽지만 그것을 존중하는 태도로 말한다고 해도 (여러분이 이미 경험했듯) 원했던 결과가 나오는 경우는 거의 없다.

자녀에게 무언가를 요구하기 전에 어서티브 커뮤니케이션을 먼저 자신과 성인들의 관계 속에서 충분히 사용해보는 것이 어떨까? 그런 다음에 자녀에게 시도해보는 것도 추천한다.

내가 생각하는 방법은 다음과 같다.

첫째, 부모가 먼저 자기를 신뢰하고 자신을 소중하게 여겨야 한다. 죄책감에 사로잡혀 자신을 탓하거나 주위 사람을 탓하지 않고, 다른 이들과 성실하고 대등한 관계로 만나야 한다.

부모가 자녀에게 화를 낼 때는 스스로 여유가 없거나 자신감을 잃었거나, 업무나 집안일로 지쳤을 때가 많다. '아이한테 이 말을 꼭 해야겠어'라고 생각하기 전에 '내 감정은 어떻고, 무엇에 화가 난 걸까?', '진정한 문제는 어디에 있고, 마주해야 할 상대는 누구인가?'를 솔직하게 되묻는 것이 먼저다. 그런 다음 '나는 최선을 다하고 있다'는 사실을 기억하며 자신감과 긍지를 가지고 육아에 임해야 한다.

둘째, 육아를 홀로 책임지지 않고 배우자나 친구, 주위 사람에게 도움을 요청하는 과정에서 어서티브를 적절히 사용한다. 독박육아를 계속하다 보면 주변, 특히 배우자를 탓하기 쉽다. 이때 솔직하게 자신이 원하는 바를 표현해 도움을 구하는 기술을 일상에서 부지런히 실천하며 익혀야 한다.

어서티브 커뮤니케이션은 부모가 고립감이나 죄책감에 사로잡혀 누군가를 탓하고 비난하지 않기 위해 꼭 익혀야 하는 대화의 기술이다. 어서티브는 자신과 자녀를 사랑하고, 고립되지 않으며 주위 사람들과 협력할 수 있는 '내면의 힘'을 단련하는 데 도움이 된다. 내면의 힘과 함께할 동료, 사회, 경제, 정치적 기반이 모두 갖추어질 때 부모뿐 아니라 부모가 맺고 있는 관계들도 점점 변화해나간다. 사회적 그룹 내에서 구성원이 서로 존중하고 협력하여 문제를 해결하면 장기적으로 사회를 더 좋은 상황으로 바꾸는 힘이 될 것이다.

어른인 우리가 자신과 상대방을 소중히 여기면 아이들을 마주하는 자세도 분명 달라질 것이다. 이때에 이르면 '아이에게 어떻게 전달할까?'에 대한 답은 이미 자기 안에서 찾을 수 있으리라 믿는다.

문제 해결은 공동의 책임

나의 핵심 욕구를 잘 전달하고도 관계에 문제가 발생하는 원인은 '나는 전달했으니까 상대방이 내 말을 이해했다면 행동을 바꾸어야 해'라고 생각하는 데 있다. 인간은 망각하는 존재다. 그 자리에서는 상대방이 '그렇구나. 저렇게 한번 해봐야지'라고 생각하더라도 이후에 행동이 급격히 바뀌는 일은 드물다.

어서티브란 눈앞에 있는 문제를 해결하기 위해 상대방과 마주하고, 하나씩 풀어가는 힘을 말한다. 화이트보드에 문제가 적혀 있고 상대방과 함께 어떻게 하면 문제를 해결할 수 있을지 이야기하는 모습을 떠올리면 되겠다.

즉 양쪽 모두 문제에 대한 공동 책임을 인식하는 데서 시작하는 것이다.

이런 일이 있었다. A 씨는 후배 B 씨가 업무보고서 제출일을 계속 지키지 않는 데 짜증이 났다. 마감 날짜에 "다 됐어?"라고 물으면 "아직이요"라는 답이 돌아왔다. 그런 일이 몇 차례 이어지던 어느 날, A 씨는 "정말 적당히 좀 해야지. 본인이 다른 사람들에게 피해 주는 거 모르겠어?" 하고 날 선 어조로 B씨의 잘못을 탓했다. B 씨는 화난 표정으로 잠자코 있었다.

다음 날 A 씨는 자신이 너무 심했다며 B 씨에게 사과했고 "앞으로는 마감일을 꼭 지켜줘"라고 말했다. 사실을 전달하고 자신의 감정과 구체적인 요구를 말로 표현하자, B 씨도 납득한 표정으로 "알겠습니다. 다음부터는 주의할게요"라고 대답했다.

그런데 한 달쯤 지나니 다시 B 씨의 일이 점점 늦어졌다. '저번에도 주의를 주었고, 본인도 알겠다고 했는데 왜 또 저러는 걸까?' A 씨는 화가 나기 시작했다.

무엇이 문제인 걸까?

A 씨는 상대방에게 요구를 명확히 전하면서, 동시에 문제 해결을 위해 나는 무엇을 바꿀지를 생각하고 '나도 달라지겠다'는 자세를 가져야 했다. 상대방에게만 요구하고 자신은 가만히 있는 태도는 어서티브 커뮤니케이션에서 규칙 위반이다.

가령 보고서 제출일을 준수하도록 요구했다면 "제출일 당일에 확인할 것이 아니라, 일주일 전, 사흘 전, 전날에 미리 이야기하거나 늦을 것 같을 때는 미리 상의해서 일정을 수정할 수도 있다.

이 자세는 커뮤니케이션을 통해 '함께' 문제를 해결하기 위한 중요한 토대가 된다.

문제 해결은 공동 책임이다.
늘 함께 생각하는 자세를 잊지 말기를.

신뢰의 가교를 만드는 법

우리가 주최하는 강의에 1년 정도 꾸준히 참가한 남성이 있었다. 인상적이었던 것은 최근에 본 그의 모습이 1년 전과 놀랄 만큼 달랐다는 점이다. 1년 전 그는 상사와의 소통 문제를 해결하고자 우리 강의를 찾았다. 모든 문제가 상사와의 커뮤니케이션에 한정되어 있었다.

"상사는 앞뒤가 꽉 막혔어요!"

처음 이야기했을 때 그는 흥분하여 이렇게 말했다. 상사에게 지지 않고, 자기 의견을 관철해내고 싶은데 그럴 때면 늘 상사와 부딪혔다고 한다. 하지만 어떻게든 상사와의 관계를 개선하고 싶어 강의에 참가하게 되었다고 했다.

내가 담당하는 강의에서는 전달의 기술보다는 마음가짐에 초점을 두고 공부한다. 이런 경우에도 나를 화나게 만드는 상대방을 '적'으로 보지 말고, 오히려 '내 편'으로 생각하고 대하라고 알려준다. '상대방이 곧 적'이라는 생각으로 출발하면 아무리 전달의 기술로 말을 멋지게 포장한다고 해도 공격성이 드러날 수밖에 없기 때문이다.

그런데도 그는 끝까지 '상사는 적'이라는 생각을 벗어던지지 못하고 반년 전에 수강을 마쳤다.

이후 그는 다시 기초 강의부터 듣기 시작했다. 그리고 지난달 내 강의를 찾아왔는데, 왠지 모르게 매우 온화한 분위기를 풍기는 모습에서 사람이 달라졌다는 걸 느낄 수 있었다.

"어떻게 된 일이에요? 많이 바뀌신 것 같아요."

"그러게요. 저번의 그 상사와 관계가 완전히 달라졌습니다."

해가 바뀌고 6월 즈음이었다. 이제껏 자신을 화나게

만 하던 상사를 보는데 문득 '이 사람도 힘들지 몰라', '나름대로 마음 고생이 심할거야'라는 생각이 들었단다. 그러자 자연스레 말이 튀어나왔다. "선배님도 고생이 많으시지요."

이에 상사는 "그렇지"라고 대답했다고 한다.

"그날 이후로 상사와 으르렁대는 일이 없어지고, 이야기도 잘 통하게 되었어요. 저 스스로도 참 신기하다고 생각해요"라고 그가 말했다.

'상사도 나름대로 고생하고 있는 거 아닐까?', '고민이 많지 않을까?'라고 생각하자 상사에 대한 적개심이 사라졌다는 것이다. 상사를 어떻게든 바꾸려던 마음이 사라지고 협력하고 싶은 쪽으로 바뀌었단다.

작은 문제라면 전달 방식만 바꾸어도 이처럼 문제를 해결할 수 있다. 직장이나 가족과의 관계에서 화법을 바꾸어 문제를 해결하는 경우도 자주 봤다.

하지만 오랜 기간 꼬여온 복잡한 인간관계, 가령 분노가 가득 찬 직장 및 가족 관계에서는 화법을 바꾸는 간단한 방법만으로는 효과가 나타나지 않는다. 아무리 말하는 방식을 바꿔도 진심으로 그 사람과 신뢰 관계를 쌓고 싶다는 바람이 없는 한, 내 생각을 이해시킬 수 없다.

그의 경우 이미 상사의 노고를 진심으로 느꼈고 상사도 나름대로 고생하고 있을지 모른다는 생각이 들자 변화가 일어난 것이다. 그 결과 상대방도 벽을 허물고 다가와 주었다.

신뢰라는 토대가 있어야 비로소 대등한 대화가 가능하다. 그리고 신뢰를 쌓기 위한 가교는 내가 만들어갈 수밖에 없다.

신뢰라는 토대가 있어야
비로소 대등한 대화가 가능하다.
그리고 신뢰를 쌓기 위한 가교는
내가 만들어갈 수밖에 없다.

유연한 마음이 수용하는 힘을 키운다

최근 읽은 책에서 "비판에 울컥 화가 나는 것은 약점을 찔린 탓이다. 내 마음이 부드러워지면 그렇게 화가 나지는 않을 것이다"라는 부분이 있었는데, 과연 그렇겠다 싶었다. 마침 '비판을 수용하는 힘'에 대해 여러모로 생각하던 때였다.

어서티브에서 다루는 '비판'이란 객관적인 판단으로 하는 비판뿐 아니라 자신을 '아프게 하는 말' 전체를 가리킨다. 예를 들어 일하는 방식에 대한 주의나 조언이 비판으로 느껴지기도 하고, 가까운 사람의 별스럽지 않은 한

마디가 마음을 찌르기도 한다. 혹은 지인이 친절을 베풀려고 던진 한마디가 사람에 따라서는 꽤나 아프게 다가올 수도 있다.

상대방의 말이 아프게 느껴지는 경우는 다양하다. 가령 스스로도 싫다고 느끼는 부분이나 약점을 지적당했을 때 또는 자신도 반성하고 있는 실수에 대해 심하게 지적을 받았을 때는 자기도 모르게 화가 나거나 풀이 죽는다.

체력이 약해졌을 때도 사소한 말 한마디가 강펀치처럼 느껴진다. '엎친 데 덮친 격'이라는 말처럼 자기 신뢰가 부족한 상태일 때는 상대방의 말을 받아들일 힘도 약해져 있을 테니, 잠시 시간과 거리를 두고 기운을 차릴 때까지 기다리자.

조심해야 할 것은 자기 안에 있는 '지뢰'다. 이 지뢰는 마음 깊은 곳에 자리한, 과거로부터 이어진 '상처 덩어리' 같은 것이라 좀처럼 풀리지 않는다. 어떤 계기로 이 지뢰를 밟게 되면 그 한마디 때문에 '이성을 잃는' 경우도 있다. 마음속 지뢰는 과거의 슬픔과 분노가 뭉쳐진 덩어리이므로 시간을 들여 태워 없애야 한다.

궁극적으로는 스스로 '유연한 마음'을 갖는 것이 수용하는 힘을 가장 잘 기를 수 있는 길이다. 자신의 지뢰를 밟지 않도록 조심하면서 상처 덩어리를 없애보자. 약한 마음도, 부족하다고 느끼는 마음도 부정하지 말고 있는 그대로 자신을 사랑하자. 과거에 자신이 저지른 잘못을 용서하고 다소 지적을 받더라도 대범하게 넘길 수 있는 사람이 되어보자. 스스로 하는 말이든 주위 사람이 하는 말이든 실언이라면 웃어넘기자. 그리고 비판받은 자신도, 비판한 상대방도 탓하지 말자.

나를 아프게 만드는 말은 '내면의 힘'을 시험한다. 화가 난다면 이는 더 성장할 기회가 있다는 것이니 기쁘게 받아들이자.

수평 조직에 숨은 함정

최근 외국계 기업 인사팀에서 일하는 직원과 사내 커뮤니케이션에 대해 이야기할 기회가 연달아 있었다. 최근 늘어난 직장 내 괴롭힘과 그에 따른 정신건강 문제는 상하관계가 분명한 조직에서 자주 나타난다. 직위가 높은 직원이 낮은 직원을 존중하면서도 분명하게 지도하는 것은 조직 관리자들에게 늘 따라다니는 과제이다.

그런데 최근에는 상하관계가 명확하지 않은 '수평' 조직 내의 커뮤니케이션 문제도 주목을 받고 있다. 직위나 상하관계가 그리 분명하지 않은 조직, 사원들 사이 관계가 수평적이고 직함이 별로 중요하지 않은 조직에서 실질적으로 의사 표현이 더 힘들다는 문제가 발생하고 있다.

보수적인 조직은 계층이 뚜렷하고 상하관계가 명확해 상사가 부하 직원을 지도하는 수직적 구조였다. 그런 상황에서 어서티브 노하우는 상당한 유익을 준다. 상사는 어려운 이야기를 꺼낼 때 부하 직원에게 미움을 받을 수도 있다는 사실을 알고 있으며, 그것을 크게 문제 삼지 않는다. 그런 의미에서 상하관계 속에서는 오히려 어서티브 기술을 살리기 쉽다.

이에 반해 수평적 조직에서는 직위의 상하관계가 없어서 말하기가 더 어렵다고들 한다.

수평 조직 내 커뮤니케이션 문제 중 하나는 친구처럼 솔직하게 이야기를 나눌 수 있는 관계인데도 핵심은 이야기하기 어렵다는 점이다. 친밀한 관계일수록 부정적인 이야기를 하기 힘들기 때문이다. 전문성으로 보아도 서로 대등한 관계이므로 각자의 전문 영역을 침범하지 않기 위해 회의에서 침묵을 지키기도 한다. 어느 쪽이든 직위의 상하관계가 없는 탓에 서로 더 다가서지 못한다.

수평적인 조직을 도입하는 것 자체는 찬성하지만, 전통적인 마인드를 개선하려는 마음 없이 형식만 도입하는 데는 위험이 따른다. 마인드가 바뀌지 않는 한 상하관계 덕분에 수월하게 말할 수 있는 상황도 꽤 많기 때문이다. 윗사람은 '내가 책임지고 말하는 수밖에'라는 마음으로 이야기하고, 부하 직원도 '나는 잘 모르니 들어야지' 하고 듣는 자세를 취하는 경우도 많다.

하지만 수평적 조직에서는 서로 독립된 '개인'으로 존중한다는 공통적인 인식과 함께 세심한 전달의 기술이 없으면 오히려 말을 꺼내기가 어렵다. '상대방이 어떻게 생각할까?', '분위기를 망치는 건 아닐까?', '관계가 악화되지 않을까?' 하는 두려움으로 명확히 반대하거나 비판하지 못하고, 결과적으로 업무나 조직 성장에도 안 좋은 영향을 끼칠 수 있다. 수평적인 조직을 살리려면 수직적 조직과는 다른 어서티브 기술과 마인드가 필요하다.

설령 의견이 대립하거나 일시적으로는 관계가 악화되더라도 서로 존중하며 해야 할 말은 할 수 있는가? 다양한 가치관을 가진 사람들이 솔직하게 의견을 내놓는 것에 진정 찬성하는가? 자신과 다른 의견이 나왔을 때 '공격당했다'고 여기지 않고, "그거 재미있는 생각이네요" 하고 수용할 수 있는가? 앞으로 이런 사고방식과 전달 기술이 점점 더 필요해지지 않을까 싶다.

직장 내 괴롭힘을 마주할 때

2019년에 파워 해러스먼트 방지법パワーハラスメント防止法(우리나라에서 2019년에 제정된 '직장 내 괴롭힘 금지법'과 비슷한 개념이다. 해러스먼트의 원어인 일본어 ハラスメント는 harassment에 해당하는 단어로 우리나라 '갑질'과 비슷한 표현이다—편집자)이 나오면서 직장 내 괴롭힘 방지에 대한 사회적 인식이 높아졌다. 용어 인지도도 높아지고 '이런 말은 하면 안 되지', '저런 말은 큰일 나지' 라는 인식이 확대되었다. 그렇지만 직장 내 괴롭힘을 실제로 당하거나 목격했을 때 즉각 대응하기는 여전히 쉽지 않다.

직장 내 괴롭힘의 공통적인 특징은 사회적으로 '우위'에 선 사람이 그렇지 않은 사람에게 하는 말과 행동이라는 점이다. 그런 의미에서 직장 내 괴롭힘 방지란 우리가 스스로와 상대방을 존엄한 인간으로 대등하게 대하고, 서로의 인권을 존중할 수 있는가 하는 의식과 깊이 연결되어 있다.

직장 내 괴롭힘 문제를 그저 '대화'에만 국한시키지 말고 우리가 '타인과 관계를 맺는 기본적인 자세'에 관한 문제로 생각하면 어떨까? 구체적으로는 아래와 같은 사항을 기억해두면 좋다.

의도치 않은 '직장 내 괴롭힘'을 겪었을 때
상대방에게 자신의 솔직한 마음을 빠르게 전달하기

○

상대방이 악의를 갖고 공격해올 때(분명한 폭력적인 발언)와는 별개로, 우리는 상대방이 별 뜻 없이 한 말에도 상처를 받을 수 있다. 그럴 때는 발언한 당사자에게 나의 기분을 직접적으로 빠르게 전달하는 것이 좋다.

"다음부터는 그런 식으로 말하지 말아주세요", "아까 사용하신 표현은 유쾌하지 않네요" 하고 말이다. 상대방과 사적으로 이야기할 기회가 있을 때 솔직하게 전달하자. 전달할 때는 가급적 담백하고 가볍게 말하는 것이 좋다. 정의감에 넘쳐 설교를 하거나 에둘러 지적하지 말고 '솔직하고 담백하게' 말하는 것이 핵심이다.

빠르게 말하라는 것은 횟수가 늘어날수록 혹은 시간이 지날수록 그동안 쌓였던 것들이 폭발해서 공격적인 태도를 보이기 쉽기 때문이다. 과거에 말하지 않은 횟수가 많을수록 '이때도, 그때도 계속 그랬지'라며 과거의 일까지 싸잡아서 반격하게 되고, 상대방도 적반하장식 태도를 보일 수 있으니 주의하자.

괴롭힘 발언을 목격했을 때도 가급적 빨리 지적하기

○

직장 내 괴롭힘은 당사자 간 문제에 그치지 않는다. 이를 보고도 못 본 척한 주위 사람들은 문제를 더욱 악화시킨다. 그런 발언을 보거나 들었을 때는 본인에게 직접 전달하자.

'지금 그건 너무 위험했어'라는 느낌이 들도록, 사실을 지적하며 그런 발언은 그만해야 한다는 것을 솔직하고도 분명하게 전달해야 한다. 물론 하기 힘든 말인지라 책망하는 어조가 되거나 에둘러 표현하기 십상이므로 효과적으로 전달하려면 연습이 필요하다.

자신을 깎아내리지 않기

괴롭힘을 당하는 사람은 어떤 의미에서는 사회적으로 '불리한 위치'에 있으므로, 설령 말한 사람과 들은 사람은 '일대일'이라도 피해자는 필연적으로 '일대다수'의 구조 속에 던져진다. 그런 발언은 늘 사회적 우월감을 내포하고 있으므로 듣는 사람은 타격이 매우 크다. 가령 "한부모 가정이니까", "계약직이라서", "그래서 외국인은……" 등은 말 이상의 힘을 갖는다.

이런 경우에도 적절하게 대응하려면 무엇보다 자신

에 대한 믿음을 잃지 말아야 한다. 설령 사회적으로 우위에 있지 못하더라도(직위나 입장, 연령 면에서 어리거나 소수자, 소유나 경험이 적은 쪽 등) 어느 때든 자신이 소중한 존재임을 잊지 않아야 한다. 그래야만 비로소 상대방이 던진 '우열의 덫'에 걸리지 않고, 의연하고 대등하게 상대방과 마주할 수 있다.

상대방을 탓하지 않기

○

누군가 갑질 발언을 했을 때 상대방을 욕하거나 보복하는 것은 효과적이지 않다. 발언자를 벌주려는 시선이 아니라 도리어 그를 가엾게 여길 수 있다면 좋겠다(이것이 참 어렵기는 하다).

상대방의 갑질 발언과 약점, 결점, 무지도 문제이지만 그보다 더 중요한 문제는 우리가 어떻게 행동하고, 어떻게 대응할 것인가이다. 반격할 수도 있고, 침묵하고 원한을 품을 수도 있다. 하지만 상대방을 탓하기보다는 가엾게 여기는 마음에서 그 발언이 얼마나 사람에게 큰 상처를 주는지 성의 있게 알려줄 수도 있다.

어서티브는 '상대방을 내 편으로 만든다는 생각으로 말하라'고 권한다. 상대방의 말에 반격하면 할수록 적이 될 뿐이다. 상대방을 적으로 만드는 것이 아니라 내 편으로 만든다는 마음만 있어도 대화의 온도는 크게 달라진다.

서로 솔직하게 말할 수 있는 관계를 중시하기

○

직장 내 괴롭힘이나 차별적인 발언으로부터 완전히 자유로워지기는 어렵다. 아무리 조심하고 염두에 두어도 상대방과의 관계 속에서 '우위'나 '열위'에 서는 것을 피할 수 없다. 이 말은 의도하지 않아도 누구나 가해자가 될 수 있다는 뜻이기도 하다.

그러니 '어떻게 저런 말을', '인성이 글러 먹은 사람'이라고 생각하지는 말자. 그보다는 "아까 그 표현은 심한 것 같으니 조심해주세요", "어제는 말이 너무 심했어" 하고 서로 솔직하게 말할 수 있는 관계와 환경을 만드는 것이 중요하다.

자신과 상대방을 독립적인 개인으로 존중하면서 늘 대등하게 대하려는 자세를 잊지 말자. 그리고 '어떻게 전달할지는 스스로 결정한다'라는 자신감을 갖고 괴롭힘 없는 직장과 사회를 향해 한걸음 내딛기를 바란다.

Chapter 6

말로는 충분하지 않다면

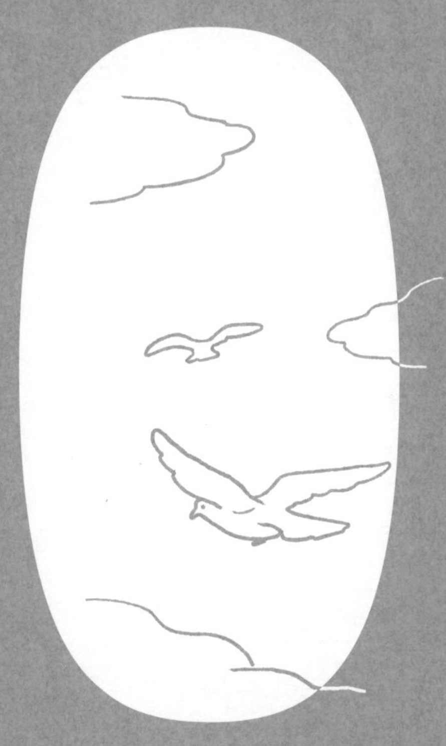

내가 나로 살기 위해

앞서 말한 여러 대화법을 익히고 나면 실제로 '어서티브 커뮤니케이션'을 해보고 싶어진다. '솔직하게 내 기분을 전달해보자', '핵심만 추려서 요구해봐야지' 하고 도전해보는 식이다.

그런데 실제로 시도해보면 생각만큼 잘되지 않는다. 계획한 대로 말을 했다고 생각하는데 상대방에게 제대로 전달되지 않는 것이다. '잘 전달했는데도 왜 몰라주는 거지?'라는 생각이 들면 상대방이 생각대로 반응하지 않는데 화가 나기도 하고, 스스로에게 실망하기도 한다.

하지만 떠올려보라. '어서티브를 사용해야지'하고 생각한 상대방은 이미 관계가 삐걱거렸거나, 대립의 불씨를 안고 있거나, 좀처럼 말이 통하지 않아 고민하던 사람들이다. 그러니 말하는 방식을 바꾸어도 그들이 내 마음을 '금방' 알아주는 마법은 좀처럼 일어나지 않는다. 말하는 방식만 바꿔서 문제가 단번에 없어진다면, 그것은 기적과도 같은 일이다.

기계는 문제만 알면 고칠 수 있다. 하지만 사람은 겉으로 드러내지 못하는 감정, 숨겨진 집착, 남에게 말할 수 없는 고민을 안고 있는 복잡한 존재다. 그래서 진정으로 관계가 변화하려면 시간이 걸린다. 어긋난 관계일수록 어긋나온 시간만큼 회복하는 데도 시간도 걸린다. 시간을 들이지 않고 얻어지는 열매는 없다. 내 마음이 준비되었다고 해서 상대방도 그러리란 보장이 없다. '시간을 들여 서로 조금씩 변화하겠다'라고 생각하면 스트레스를 덜 받는다.

어서티브 트레이닝의 명저 『당신의 완벽한 권리』*Your Perfect Right*에는 어서티브의 11가지 핵심이 소개되어 있다.

한마디로 요약하면 "끈질기게, 포기하지 말고 노력할 것"이라고 할 수 있다. 한 번 시도해보고 실패했다고 해서 그만두면 상대방도 그리 진지하게 받아들이지 않는다. 한 번 실패하더라도 두 번, 세 번 도전하라. 당신의 그 끈기를 본 상대방은 '이 사람 진심이구나'라고 느끼고 스스로 고쳐야겠다는 생각을 할지 모른다.

실제로 끈기 있게, 포기하거나 흔들리지 않고, 반복적으로 도전하면서 관계를 놀랍도록 개선한 사람들을 많이 봐왔다. 상사의 비판을 차분하게 받아들이면서 그와 대등하게 이야기할 수 있게 된 사람, 은둔형 외톨이 자녀에게 포기하지 않고 대화를 시도하여 관계를 개선한 사람, 솔직하게 대화를 거듭한 결과 팀 내 인간관계가 좋아진 사람.

그들의 이야기를 들어보면 커다란 행동에 도전했다기보다는 일상 속에서 맞이하는 작은 도전을 스스로 결정하고 끈기 있게 지속했다.

사소한 일인지도 모른다. 그럼에도 계속 도전하는 것, 포기하지 않는 것, 흔들리지 않고 굳건히 서 있는 것, 어떤 순간이든 자신과 주변을 탓하지 않는 것…. 그런 마음이 관계를 더 대등하게 바꿔준다.

어서티브는 상대방을 변화시키기 위해 사용하는 기술이 아니다. 내가 나로 존재하기 위해, 우리가 우리 자신으로 살아가기 위해 선택하는 기술이다.

이 사실을 잊지 말자.

사소한 일인지도 모른다.
그럼에도 계속 도전하는 것. 포기하지 않는 것,
흔들리지 않고 굳건히 서 있는 것,
어떤 순간이든 자신과 주변을 탓하지 않는 것….
그런 마음이 관계를 더 대등하게 바꿔준다.

우리를 행복하게 만드는 '불화'의 힘

회식이나 식사 약속을 거절하지 못해 고민이라는 이야기도 옛날 말이다. 조직에서 사생활 챙기기도 이전에 비하면 훨씬 쉬워진 것 같다. 얼마 전에도 젊은 회사원이 후배에게 식사를 제안했더니 문자로 '바빠서 안 되겠어요'라는 한마디만 돌아왔다는 이야기를 들은 적이 있다. 그는 "예전에는 거절을 못해서 고민이었는데, 요즘 친구들은 다르네요"하고 말했다.

나는 나고 상대방은 상대방이다.

요즘에는 상대방이 어떻게 생각하든 자기 생각을 잘

내세운다. 마음이 맞는 사람과는 잘 교류하지만 번거로운 인간관계는 차단해버린다. 사귀던 사람과 헤어질 때도 메시지로 '이제 그만 만나자'라는 한마디만 보내면 된다. 그런 '쿨한' 기술도 분명 인생을 풍요롭게 해주는 기술 중 하나다. 하지만 과연 정말 이것으로 충분할까?

'기분 좋은 관계'만 있다면 이것도 아무런 문제가 없다. 그런데 현실은 다르다. 관계는 복잡하게 얽혀 있고 직장이나 조직에서는 대하기 불편한 사람과도 일해야 한다. 관계로 고민할 일이 우리 주변에 여전히 많다. 아무리 직설적으로 말해도 오해가 생긴다. 상대방의 말이 이해되지 않고, 가치관 차이 때문에 대화가 진행되지 않고, 뜻이 잘 전달되지 않아 갈등하고 있으며 서로 이해하기가 얼마나 힘든 일이지 통감한다는 푸념은 이전에 비해서도 늘면 늘었지 결코 줄어들지는 않았다.

우리는 겉으로만 기분 좋은 관계가 아니라 갈등까지 잘 풀어낼 수 있는 법을 시간을 들여서라도 배워야 한다. 복잡하고 어려운 관계에서는 진솔한 대화만이 관계를 깊게 만들 수 있다. '갈등하며 대화하는 힘'이야말로 어서티브를 지탱하는 기초다.

하버드 메디컬 스쿨의 로버트 월딩어Robert Waldinger 교수는 75년에 걸친 추적조사를 통해 "좋은 인간관계가 우리를 건강하고 행복하게 만든다"라고 말했다. 그의 주장은 다음과 같다.

"행복한 사람은 복잡한 인간관계를 유지하기 위해 노력하는 사람들이었다. 귀찮은 일일지도 모르지만 끊임없이 공동체를 형성하면서, 의지하고 믿을 수 있는 가족과 친구를 가진 사람들이 인생을 가장 행복하게 보냈다."

복잡하고 번거로운 인간관계 속에 우리를 행복하게 만들어줄 힌트가 있다는 것은 역설적이지만 진실이다. 관계성 속에서 생기는 다양한 감정 앞에서 귀찮다며 피하거나 부담스러워하지 않고, 오히려 그것을 기회로 삼아 신뢰를 쌓고자 하는 노력이 지속된다면 결국에는 자신의 행복으로 이어진다.

이 복잡하고 이해하기 어려운 '인간'이라는 존재가 있

는 한, 관계의 문제는 지속될 것이다. 관계 속 어려운 문제를 풀어나가는 것은 AI(인공지능)의 영역도 아니니, 결국 인간의 손에 달려 있다고도 할 수 있다. 그 복잡하고 어려운 관계를 조금이나마 개선해나가는 기술을 알아갈수록 행복에 한걸음 더 다가설 수 있을 것이다.

갈등 상황에서 어서티브를 활용해보라. 금방 답이 나오지 않는 상황이라도 하고 싶은 말을 정성껏 전달하고, 상대방의 생각에 진지하게 귀를 기울이자. 서로 이해하는 데는 시간이 걸리는 법이지만, 함께 노력해보자.

불화 속에 힌트가 숨어 있다고 여긴다면 포기하지 않고 한 번 더 해보려는 마음이 들지 않을까?

쿨하게 떠나는 것도 배려

어서티브 커뮤니케이션을 '상대방에게 흔쾌히 동의를 얻어내는 방법'이라고 생각하곤 하는데, 이는 잘못이다. 물론 자신이 바라는 것, 상대방에게 기대하는 것을 구체적으로 표현함으로써 자신의 바람을 알리고 동의를 얻어낼 수도 있다. 하지만 상대방의 동의를 얻을 목적으로만 접근하면 대개 결과가 좋지 않다.

어서티브 커뮤니케이션의 목표는 그 자리에서 상대방의 동의를 얻어내는 것이 아니라, 앞으로도 상대방과 대화를 계속하는 것에 합의하는 데 있다. 상대방이 당신이 바라는 결과에 당장은 동의하지 않더라도 관계는 좋게 유지하는 것을 지향한다.

우리는 바라는 결과에 동의를 얻고 싶은 마음에 상대방을 마지막까지 몰아붙이는 실수를 범하고는 한다.

당신이 팀의 책임자이고 나이가 많은 구성원에게 업무 방식을 바꾸도록 이야기해야 하는 상황이라고 하자. 그 구성원은 경험과 자기 일에 대한 자부심이 있고, 자신의 방식이 옳다고 믿고 있다. 그런데 당신은 "그 방식은 오래되었고, 주위에서도 곤란해하니 바꾸었으면 합니다"라고 전달하고 싶다.

그럴 때 직설적으로 의견을 전달한답시고 이렇게 말한다면 어떻게 될까?

"지금껏 OOO 방식을 사용하고 있는데 지금은 상황이 바뀌어서 주위에서도 불편해합니다. 입장도 충분히 이해하지만 앞으로는 일하는 방식을 바꿔주면 어떨까요?"

이렇게 말하면 상대방이 "네, 알겠습니다"라고 나올 것을 기대한다. 그런데 동의하는 대답이 나오지 않으면 어떻게 될까? "어쨌든 한번 해보세요" 하며 강조하거나 "안 그러면 불이익이 있어요"라며 협박성 문구를 날리기 쉽다.

안타깝게도 사람은 궁지에 몰리면 몰릴수록 마음 문을 굳게 걸어잠근다. 당신이 책임자로서 옳은 말을 하고 그것을 수용시키려고 애쓰는 것은 상대방에게 동의를 얻어내기 위한 '설득'에 불과하다. 그렇지만 어서티브란 상대방이 스스로 납득하고 답을 찾아내도록 돕는 기술로, 설득과는 분명한 차이가 있다.

상대방에게 '내 말이 옳아'라며 압박을 가하기 쉬운 사람에게는 '잘 떠나기'를 권한다. 이야기를 시작한 것이 당신이라면 끝맺는 것도 당신이다. 자신의 바람이나 기대를 전달했다면 "내 이야기는 끝났어. 한번 검토해주면 좋겠군. 가능하면 다음에도 이야기를 나누고 싶은데 어때?"라며 상대방과의 대화의 문을 열고 '쿨하게' 떠난다. 상대방에게도 생각할 여지를 남겨주고, 이야기를 계속하고 싶다는 의향을 전달하며 일단 이야기를 마무리하자.

나의 성의와 열의가 전해지면 시간이 걸려도 서로 납

득할 수 있는 결론에 도달할 가능성이 커진다. 설령 합의에 도달하지 못해도 '마지막까지 서로 존중하며 이야기를 나눴다. 할 만큼 했다'라며 스스로 납득할 수 있고 자기 신뢰는 높아진다.

그러므로 잘 떠나야 한다.

상대방의 힘을 믿자

연수 중에 개인 에피소드를 듣다 보면 어떤 이론보다도 '대등성'에 관해 잘 알려주는 경우가 있다. 어서티브의 토대인 대등성을 다른 말로 바꾸면 '나와 상대방이 지닌 인간으로서의 존엄을 믿고 상대방을 대하는 것'이다.

얼마 전 진행했던 연수 중에 '지금도 잊을 수 없는 칭찬의 말'이라는 주제로 한 여성 참가자가 자기 이야기를 들려주었다.

초등학교 4학년 때의 일이었다. 그때까지 그녀는 자신감이 없어 친구들에게 말도 걸지 못했다고 한다. 기가 센 친구들에게 따돌림을 당하거나 험한 말을 들으며 울기도 많이 울었다. 다른 선생님이나 가족들은 불쌍하게 여기며 위로했고 "무시해버려"라는 조언을 해주기도 했다.

그런데 담임 선생님은 달랐다.

"따돌리는 친구한테 분명하게 의견을 말해야지" 하고 엄격하게 지도하였다. 처음에 그녀는 담임 선생님이 무척이나 싫었다.

그런데 어느 날 선생님 말씀대로 용기를 내어 따돌리는 친구에게 자신의 마음을 분명히 전달해보았다. "OO야, 우리 친구지만 그런 식으로 이야기하면 기분이 안 좋아. 그러니까 하지 마."

"그 사실을 아신 선생님께서는 정말로 기뻐하시면서 교실에서 모두가 보는 앞에서 칭찬해주셨고, 엄마에게도 전화해서 저를 칭찬해주셨어요."

그날 이후 그녀는 달라졌다.

자신의 마음을 소중히 여기고 자신감 있게 주장하는 것을 즐기게 되었다. 무슨 일이 있을 때면 상대방과 마주하고 솔직하게 이야기했고, 스스로를 있는 그대로 긍정하게 되었다.

불쌍하다며 위로하는 게 늘 옳은 것만은 아니다. 오히려 상대방을 무력하게 만들 가능성도 있다. 설령 차갑게 들리더라도 상대방이 가진 힘을 믿고 똑바로 대응할 수 있도록 돕는 것이 진정한 친절인지도 모른다.

어서티브의 '대등성'에는 상대방을 대등한 인간으로 보는 것, 존엄한 인간으로 대한다는 의미가 있다. 우리가 먼저 손을 내밀어 누군가의 고통을 다 없애준다면 결과적으로 상대방을 무력한 인간으로 만들 수도 있다. 상대방에게 상처 주지 않으려고 상냥한 말을 건네는 것, 상처받을지 모르니 곧 터질 듯한 종기를 만지듯이 조심스레 다가가는 것은 뒤집어보면 상대방은 쉽게 상처받는 사람이라며 '무시하는 시선'이 깔려 있는 것인지도 모른다.

우리의 편향된 시선이 상대방과의 관계를 기울어지게 만든다. 어쩌면 상대방을 '어려움에 처한 사람', '불쌍한 사람', '상처받기 쉬운 사람'으로 바라보는 우리의 관점 자체가 문제인지도 모른다.

상대방도 바뀔 가능성이 있고, 설령 상처를 입어도 일어설 힘이 있다는 것, 어려움에 맞설 힘이 있다는 것. 그런 상대방의 힘을 믿는 것이 진정한 의미의 대등성이다.

살짝 눈가가 촉촉해진 채로 말하는 그녀를 보며 나도 덩달아 눈물을 흘렸다. 인간이 가진 힘에 대해 희망을 느낀 순간이었다.

상대방도 바뀔 가능성이 있고,
설령 상처를 입어도 일어설 힘이 있다는 것,
어려움에 맞설 힘이 있다는 것,
그런 상대방의 힘을 믿는 것이
진정한 의미의 대등성이다.

조금 부족한 나를 용서하자

자신을 있는 그대로 받아들이는 것.

실패하고 거절당해도 그런 자신을 팽개치지 않고 소중히 여기려는 자세. 괴로울 때 억지로 참는 것이 아니라, 믿을 만한 사람에게 상의하고 도움을 구하는 것. 지치면 휴식을 취하고 약한 자신이라도 용서해주는 것.

자기 신뢰가 있다는 것은 이런 모습이다.

대하기 어려운 사람과도 잘 지내기 위해서는 장기적으로 자기 신뢰를 구축해야 한다. 그런 가운데 홀로 고민하지 않고, 힘이 들 때 상의할 수 있는 사람이 있다는 건 매우 중요하다.

이전에 내가 일 때문에 지쳤을 때의 이야기다.

위압적인 상사에게 매일같이 엄격한 지도를 받고, 아무리 시간이 지나도 일이 끝나지 않아 잠도 제대로 못 자는 날들이 몇 년씩 이어졌다. 점차 몸이 힘들어졌고 스스로 어떤 상태인지조차 알 수 없을 만큼 마음이 마비된 상태였다.

어느 날 급기야 직장에서 눈물이 폭포같이 쏟아졌다. 그리고 이렇게 생각했다. '아, 이렇게 망가지는 건가.'

이런 생각까지 들자 상사에게 휴직을 신청했다. "아무리 애써도 지금은 일을 계속할 수가 없습니다. 쉬게 해주세요." 이 말을 직접 하지도 못해서 상사의 책상 위에 편지를 올려두고 석 달을 쉬게 되었다.

긴 휴식 기간에 나의 괴로운 마음에 귀를 기울이고 말을 건네 준 것은 친구들이었다. 괴로워하며 우는 내게 "많이 힘들었구나. 그런데 괜찮아. 어떤 상황이든 너를 좋아하는 마음은 변하지 않아"라고 계속 말해주었다.

일이 뜻대로 잘되지 않고 상사와의 관계로 고민하던 상태였지만, 나를 있는 그대로 변함없이 대해준 친구들 덕분에 다시 일어설 수 있었다.

√ 홀로 고민하지 말라.

√ 힘들어지면 서둘러 상의하라.

√ 평소 마음을 터놓을 수 있는 관계를 만들어두라.

이렇게 마음의 준비를 하고 있으면 예상치 못한 일에 발목을 잡혀도, 커다란 실패로 수렁에 빠져도 분명 다시 일어설 수 있다.

어서티브하다는 것은 힘들 때도 아무렇지 않은 척하며 애쓰라는 것이 아니다. 힘이 들 때도 있고 괴로울 때도 있다. 이런 자신을 있는 그대로 받아들이고 어떤 모습이라도 긍정하는 자세가 어서티브다. 고민과 갈등을 마주하며 조금씩 강한 사람이 되고 이타심을 길러 주위와의 관계를 회복한 사람들이 많다. 그들에게는 한 가지 공통점이 있다. 자기 자신에게 진실하고 자신을 있는 그대로 바라보며 '그것도 나'라며 인정했다는 점이다. 그 후 타인과 성실하고 솔직하면서도 대등한 관계를 구축하려고 노력한 사람들이다.

자기 신뢰를 높이고 자신을 소중히 여겨야 상대방도 존중할 수 있다. 자신의 권리를 존중하면 타인의 권리가 침해당했을 때 알아차릴 수 있다. 그리고 자신을 믿으면 의견이 대립될 때도 공격적이거나 비굴한 태도를 보이지 않고, 솔직하게 자신의 주장을 펼칠 수 있다.

불확실성이 증가하는 시대에 자기 신뢰의 힘은 점차 더 중요해질 것이다. 앞이 보이지 않기에 더더욱 시간을 들여 깊은 자기 신뢰를 구축하고, 서로 존중하며 대화를 통해 어떤 변화를 이끌어낼지 생각해보길 바란다.

자기 신뢰를 높이고 자신을 소중히 여겨야
상대방도 존중할 수 있다.
자신의 권리를 존중하면 타인의 권리가
침해당했을 때 알아차릴 수 있다.
그리고 자신을 믿으면 의견이 대립될 때도
공격적이거나 비굴한 태도를 보이지 않고
솔직하게 자신의 주장을 펼칠 수 있다.

어떤 순간이든
자신에 대한 긍지를 잃지 말라

강의가 계속되던 가을 즈음, 마음에 남는 에피소드를 많이 접했다. 많은 수강생이 자신이 직면한 문제에 진지하게 임하고 자신을 개선하려 애썼다.

그중에서도 마음에 남은 것은 여성 A 씨의 이야기다.

A 씨는 오래 근무했던 회사에서 희망퇴직을 강하게 권유받았고, 고민 끝에 지원하기로 하였다. 그런데 희망퇴직을 권한 부장에게 마지막으로 자신의 결심을 전했을 때 돌아온 대답은 "이미 신청 마감이 지났잖아"였다. 그 말에 A 씨는 크게 동요했다.

직장을 떠나겠다는 힘든 결정을 상사에게 전달할 때, 분명 자신이 직위도 힘도 약해서 상대방이 자신을 내려다본다는 사실을 알 때, 그런 순간에도 대화를 포기하지 않고 마지막까지 어서티브한 태도를 취하려면 어떻게 해야 할까?

수직관계가 뚜렷한 상대방과 마주한 상황에서 대등함을 잊지 않고 행동하려면 '내면의 힘'이 크게 요구된다. A 씨는 마지막까지 긍지를 잃지 않고 떠나기로 했다.

부장의 말에 상처 입고 마음속으로 말을 삼킬 수도 있었다. 혹은 부장의 말에 화가 나서 "지금 그런 말씀을 하시는 건 아니죠!" 하고 반격할 수도 있었다. 하지만 A 씨는 어느 쪽도 선택하지 않았다. 대신 자신의 마음을 솔직하게 전달하고 자신을 소중히 여기겠다는 선택지를 택했다.

시간을 들여 그녀가 고른 말은 이러했다.

"부장님, 시간을 내주셔서 감사합니다. 솔직히 마지막까지 고민하다가 힘든 결정을 내렸습니다. 결론은 제 결정을 받아들이기로 했습니다. 부장님도 어려운 입장에 계시다는 걸 충분히 잘 압니다. 다만 저 역시 갈등 끝에 선택한 결론이라는 점을 알아주셨으면 합니다."

그녀는 눈앞의 상대방을 탓하지 않고 자신의 생각을 솔직하고 담담하게 표현했다. 이것이 긍지를 잃지 않고 자신을 표현하는 모습이다. 이때 상대방이 공감해주면 감사의 인사를 전하고 떠나면 된다. 공감하지 않더라도 "이해받지 못해 안타깝습니다만, 이야기를 들어주셔서 감사합니다"라는 말로 조용히 자리를 뜨면 그만이다.

희망퇴직이라고는 하나 사실 해고에 가까운 형태로 압박을 받으면서 A 씨는 지금까지 쌓아온 실적과 자신감을 모두 잃을 뻔했다. 나만 왜 이렇게 힘드냐며 비탄에 잠기거나 상대방을 원망할 수도 있었을 것이다.

하지만 A 씨는 상대방도 괴로운 입장이었다는 것을 알고 있었다. 그러기에 부장을 '나쁜 사람'으로 보지 않고 '어쩔 수 없는 입장에 선 사람'으로 바라보았다. 그 결과 스스로 자존감을 잃지 않고 마지막까지 대등한 자세를 유지할 수 있었다.

어떤 순간이라도 자신에 대한 긍지를 잃지 않는 것.

이것을 늘 염두에 두길 바란다.

나에게 던지는 가장 중요한 질문

앤 딕슨 씨가 일본을 방문했을 때 통역으로 동행한 나는 그녀의 말 한마디 한마디를 음미하며 강연회와 워크숍에 참가할 수 있었다.

어서티브 이론의 깊이는 물론이고 워크숍 참가자가 앞에 나와서 펼치는 역할극은 모든 사례가 압권이었다. 각각의 사람들이 깊은 내면의 문제와 마주하고, 자기 목소리를 되찾아 말로 표현하는 과정을 보며 사람들은 무척 감동했다.

마치 내 일처럼 느껴진 것은 앤 딕슨 씨가 계속해서 던진 질문 때문이었다. 그녀는 역할극 행위자에게 거듭 이런 질문을 던졌다.

"당신은 지금 무엇을 느끼나요?"
"당신이 진정으로 바라는 것은 무엇인가요?"

대답하기 쉬운 질문은 아니었다. 이제껏 '이 자리에서 무엇을 말해야 할까', '상대방이 어떻게 해주기를 원하는가'만 의식한 나머지 자신이 진정으로 무엇을 느끼고, 무엇을 원하는지에 대해서는 깊이 물어보지 못했기 때문이다.

이상적인 대답과 기대되는 반응을 생각하면서 관계가 나빠지지 않도록 말하려던 이런 고질적인 버릇에서 어떻게 빠져나올 수 있을까? 자신에게 깊이 되물어보는 수밖에 없다.

이 질문을 들으면서 우리는 '나의 바람, 나의 깊은 소망'을 마주하기 시작했다. 이상적인 답도, 상대방을 바꾸는 말도 아닌 자신이 마음속에서 바라는 진정한 희망과 바람. 때로는 감추어져 있기도 하고 잘 보이지 않으며, 언젠가부터 포기하고 버린 것들이다. 그녀의 질문은 자신의 '진정한 목소리'에 귀를 기울이고, 그것을 정성껏 말로 표현하는 문을 열어주었다.

자신의 진정한 바람을 말로 표현하는 것은 공격적인 주장이 아니다. '나는 이렇게 느낀다', '이런 것을 바란다'처럼 나를 있는 그대로 드러내는 솔직한 말이다.

앤 딕슨 씨가 방문했을 때 첫 강연회에서 누군가 이렇게 질문했다.

"당신에게 어서티브란 무엇인가요?"

이에 대해 그녀는 잠시 생각하더니 말했다.

"자신에게 성실한 것이겠지요."
그렇게 답한 그녀의 모습이 지금도 생생히 떠오른다.

'자신에게 성실하다'라는 것은 자기 안의 진정한 목소리에 귀를 기울이고, 그것을 상대방에 대한 배려와 함께

말로 표현하는 것이리라. 어서티브의 네 가지 포인트 중 하나인 '성실', 즉 자신에게도 상대방에게도 정직한 것이 모든 변화의 출발점이라는 사실을 나 역시 가슴에 새기고 있다.

'자신에게 성실하다'는 것은
자기 안의 진정한 목소리에 귀를 기울이고,
그것을 상대방에 대한 배려와 함께
말로 표현하는 것이리라.

나오며

'어서티브'란 무엇인가요?

이런 질문을 받을 때마다 늘 이렇게 대답한다. "전달하는 기술, 타인과 관계를 맺을 때의 우리의 마음 자세, 자신과 상대방을 존중하고 생각을 말로 표현하며 대등한 관계를 만드는 힘. 그 모든 것이 어서티브입니다."

2004년에 같은 뜻을 가진 사람들과 법인을 세웠다. 활동 초기부터 가졌던 생각에는 지금도 변함이 없다. 우리 한 사람이 한 사람이 '있는 그대로의 나'로 가슴 펴고 살아갈 수 있는 세상을 만들고 싶다. 오로지 그 목적을 위해 어서티브를 알리고자 애써왔다.

이 책을 정리하며 어서티브와 함께 걸어온 여정을 새롭게 돌아보았다. 앤 딕슨 씨의 메시지를 다시 읽어보고, 사람들이 무엇을 바라며 타인과 관계를 맺는지를 생각하면서 내가 무엇을 소중히 여기며 살아왔는지 깊이 생각할 수 있었다.

나는 앞으로도 갈등하고 방황하면서 내 길을 걸어갈 것이다. 아무쪼록 여러분도 각자 '있는 그대로의 모습'으로 걸어가길 바란다. 타인과의 관계를 포기하지 말고 스스로 소중히 여기며 자기에 대한 신뢰를 잃지 말기를.

모리타 시오무

진작 이렇게 말할걸

진작 이렇게 말할걸

솔직하고 싶지만 상처 주기는 싫은 사람들을 위한 소통 수업

1판 1쇄 발행 2022년 8월 3일

발행인 박명곤 **CEO** 박지성 **CFO** 김영은
기획편집 채대광, 김준원, 박일귀, 이승미, 이은빈, 이지은
디자인 구경표, 한승주 **일러스트** oyasmur
마케팅 임우열, 유진선, 이호, 최고은
펴낸곳 (주)현대지성
출판등록 제406-2014-000124호
전화 070-7791-2136 **팩스** 0303-3444-2136
주소 서울시 강서구 마곡중앙6로 40, 10층
홈페이지 www.hdjisung.com **이메일** main@hdjisung.com
제작처 영신사

“Inspiring Contents”
현대지성은 여러분의 의견 하나하나를 소중히 받고 있습니다.
원고 투고, 오탈자 제보, 제휴 제안은 main@hdjisung.com으로 보내 주세요.

현대지성 홈페이지